谢谢你陪我走世界

尹璐◎著

中国华侨出版社

图书在版编目（CIP）数据

　　谢谢你陪我走世界 / 尹璐著. — 北京：中国华侨出版社，2016.3
　　ISBN 978-7-5113-6012-0

　　Ⅰ．①谢… Ⅱ．①尹… Ⅲ．①家庭教育 Ⅳ．① G78

　　中国版本图书馆 CIP 数据核字（2016）第 055869 号

谢谢你陪我走世界

著　　者 /	尹　璐
出 版 人 /	方　鸣
责任编辑 /	月　姝
出版统筹 /	阮　芳
监　　制 /	自来卷·芒果
经　　销 /	新华书店
尺寸纸张 /	700mm×1000mm　　1/16
印　　张 /	16
字　　数 /	280 千字
印　　刷 /	北京缤索印刷有限公司
版　　次 /	2016 年 5 月第 1 版　　2016 年 5 月第 1 次印刷
书　　号 /	ISBN 978-7-5113-6012-0
定　　价 /	49.80 元

中国华侨出版社　北京市朝阳区静安里 26 号通成达大厦 3 层　　邮编：100028
法律顾问：陈鹰律师事务所
发行部：（010）58408902
网址：www.oveaschin.com
E-mail: www.oveaschi@sina.com

阿曼塞拉莱

巴拿马

希腊伊拉克利翁

土耳其马尔马里斯

希腊雅典

中国三亚

意大利罗马

（葡属）蓬塔德尔加达

美国纽约

Book 谢谢你陪我走世界

美国关岛

西班牙巴塞罗那

牙买加奥乔里奥斯

泰国普吉岛

法国马赛

越南头顿

希腊圣托里尼

墨西哥曼萨尼约

前言

　　这是一本写了两遍的书。第一遍，它的样子是游记，记录着我和涵搭乘着歌诗达大西洋号邮轮走过的这个世界。去年8月，在过完了32岁生日后，我把本该交给出版社的这本书删得七零八落，决定重新来写。

　　我几乎推翻了漂在海上时写的全部内容，用一颗被平复了的"陆地心"开始写脚踏实地的生活。它不拘泥于这个穿着15厘米乔丹鞋陪我走世界的小孩儿，在旅行中的经历和见闻，也难以寻到任何一个目的地的游记和攻略，更多的是在这场隆重旅行中我们的相处，以及我对"妈妈"这个身份的反思。

　　早在涵刚满一岁时，有个做出版的朋友看到天天被我带在身边的涵如此乖巧听话暖我心后，提议要我出本《草根妈的育儿心得》。试过了好几个样章，最终也没理出整本书的头绪，我回复对方："没有教育学背景的妈实在是能力有限，在养娃的路上，还是要多请教育儿专家。"坦白讲，那不是一本让我无从下笔的书，而我最担心的事情是——如果那书得到了某些批判，这负面的消息会影响到涵的成长，那么生活在他生命之初或许就会展现出对他不公平的张力。

　　2014年8月，在收到歌诗达邮轮环球86天行程的邀请邮件后，用一本书记录他三岁前完整生活的希望重新亮起来。临出发前，出版社的编辑为了不给我压力，没有设定任何框架，这无形中给了我随心随性去创作的机会。可直到第一稿写完，我才意识到，它不该是一次旅行的记录，却可以成为我的自省书和他的纪念册。

　　在海上漂了两个多月，每天吸着零污染的空气，闻着海水的味道，放眼望去尽是一片苍茫；每天的生活几乎处于与外界失联的无网状态，每到一个目的地，我或是拉着涵，或是推着他的婴儿车，去了一些景点，但回想过往，还是发现我们把更多的时间花在了"压马路"这件事上。外人眼中的浪费却让我和涵无比享受，因为这是两岁多的他喜欢的旅行方式。从未指望他能将一些游历铭记于心，对于一个小宝宝，这是大人的贪恋。但很多记忆挡也挡不住地钻进了涵的心里。当一个不足三岁的孩子时不时地回顾过往时，站在一旁的成年人总会忍不住地感叹和思考，旅行的意义究竟是什么？

　　此行，我们经过了20多个国家和地区，涵的护照变得格外饱满，每一个印戳都是一个故事。无需照片、文字、视频来做提醒，彼时发生的片段于我始终历历在目。

　　书中，我花了一个完整的篇幅讲述涵在一岁前经历的被制定了很多"界限"的生活，细碎，但却是每一个为人父母的男女都会面对的。细细想来，这个世界的终极关系都逃不过"牵制"二字，国与国如此，家与家也一样，人和人更甚。涵刚落地时用哭声来和我谈判，我用冷漠与他对抗。虽然承受着来自亲朋好友的指责，但好在我坚持下来了。正是因为当年的坚持，涵才没有显露出孩子本可以有（却不该有）的矫情和高傲。

他以超强的适应能力接受着每天的新生活，直到他开启了人生中第一次旅行时，我方才意识到，那一年多来的坚强成长，换来一个可以陪我游走世界的小伙伴。

书中很耐看的一部分内容是环球路上，与我和涵或是擦肩而过、或是有短暂交流的当地妈妈，也许我们同处一地的交集只有几秒钟，但就是这如此短而少的瞬间，却让我目睹了她们与孩子相处的方式。未必全面，却如此真实。

我们一直在探讨，是什么原因让许多中国孩子变得娇气又矫情？各方的分析能总结出的原因只有一个——孩子的错大多都是大人的错。被问过太多次，环球回来的收获有什么？我觉得并非是那些出现在眼前的旷世名胜，那不过就是一场震撼视觉的饕餮盛宴。真正触底心灵的收获是我的自省。在看过了国外那些或和谐、或危机的亲子瞬间后，我终于肯静下心来沉思，涵需要一个什么样的妈。

这是留给看过这本书的每一个爸爸妈妈的共同思考。答案不止一个，但总有一个是你该找到的。

世界那么大，我却只想看到你

　　这是我先生多年前写给我的情诗。从拿起尹璐的书稿那一刻起，这句话就像只风筝，在他们娘俩路过的每一处蓝天上飘来飘去。

　　我笑着想，又一个文艺的姑娘当了娘，也同样把生活蓬勃在孕期细节，执拗在儿子的眼角眉梢，生命不再只属于自己，曾经最重要的自我意识被锁在心底某处，却也大汗淋漓地仰头微笑，看！这爱幸福得耀眼。

　　和我一样。

　　她思考，探索，总结，期盼，把很多细节用拍立得存在脑海，每一帧都写满注解，分门别类，还有索引。涵宝，你多幸运，有一个把爱融进阳光、海水、希望、路途的娘。

　　每个娘的爱都是相似的，但表达方式千差万别，目标是相似的，但视角和高度是全然不同的。涵宝，你多幸运，有一个读过书肯读书爱世界又爱看世界的娘。这个娘大刀阔斧不怕麻烦地牵引着还不到两岁的你用自己的眼睛感受，你不用听说、不用构想，你真的用小手去触摸，用鼻子闻，用声音交流，用嘴巴去尝，这世界多好，蓝色、红色、黑色、白色、棕色，人群是不一样的，海水是咸涩的，花朵是香甜的，这世界多好啊，就是你现在感知的这样。

　　读这本书的妈妈们，相信我，你的宝贝会感谢你翻开它的一刻。

　　在属于生命的奇幻旅途里，孩子和母亲各自都给了对方最难得的风景，妈妈带你看世界的时候，当你绽放笑容，再绚烂的阳光也亮不过你的唇角。

王筝

2016 春

目录

PART 1　你一降生，便被我筹划着一起上路　001

你的世界雏形总算搭建好了　　　　　003
有了你，就要把你拴在身上　　　　　007
顺利来得竟然意想不到　　　　　　　011
澳大利亚的那个"楷模"妈妈　　　　　013
我看了你一眼，你瞪了我一眼　　　　015
做个什么样的妈需要明晰的答案　　　017
延迟喂养的奥秘究竟在哪里　　　　　019
我们都该感谢我们自己　　　　　　　023
你天生就是个小男子汉　　　　　　　025
即将迈出的是环球旅行的一步　　　　029
独一无二的语言体系　　　　　　　　033
三张机票送给会走路的你　　　　　　035
庄严的仪式感　　　　　　　　　　　039
心里隐藏着一面海水　　　　　　　　043

PART 2　为了我自己，带你踏上环球的路　047

你留下的是我的黄金时代　　　　　　049
"亲子游妈妈"的开端纯属意外　　　　053
爸爸缺席的旅行已成定局　　　　　　055
总算落定的环球旅行　　　　　　　　059
以终极问题的答案来解决眼下的问题　063
"把你和儿子好好地给我带回来"　　　067

目录

PART3 这个世界有很多我俩一起走过的路　　073

香港·险些峰回路转　　075
普吉岛·他听到了大象的哭声　　079
塞拉莱·沙漠、绿洲、小王子　　085
马尔马里斯·留在"伤城"的爱　　093
希腊·三城记　　101
罗马·把回忆留给未来　　113
大西洋·流星划过的那一夜　　119
关岛·旅行的代价　　129

PART4 谢谢你，让我思考要做个什么样的妈妈　　139

纽约·世界上最远的3米距离　　141
纽约·妈妈们的手机都去哪儿了　　145
巴塞罗那·你的镜头里，有一个美美的我　　151
雅典·如果你也会成为一个琴童　　161
牙买加·一条内裤，两个世界　　169
越南·他们的笑晃到了我的眼睛　　175
土耳其·那个险些丧命的小男孩　　181
欧洲·那些帅爸爸们　　189
普吉岛·如果没有我，你也很好　　199
邮轮·在家攒德行，出门就不散德行　　205
卡塔尼亚·是时候让我们一起成长了　　209
邮轮·31岁时结识的绿绿妈　　215

PART5 后序　　230

我们　　230
这个世界，留下了我们的脚印　　235
祝贺你，找到了属于你的那片海　　238

PART1 你一降生，便被我筹划着一起上路

你的世界雏形总算搭建好了

关于我和他的故事，就这样开始了。

此刻，涵在房间睡午觉，我溜出房，跑到安静得不易被人发现的一条长廊里。玻璃圆窗外是湛蓝湛蓝的海，船行驶在印度洋上，进入了孟加拉湾，即将到达的下一个目的地是斯里兰卡科伦坡。对于环绕地球一圈的路途来说，我们的旅程才刚刚开始。

截止到 2015 年 3 月，涵正好 2 岁半，他的语言爆发期始于 1 个月前。此前，他拒绝与外人交流，但不包括我，我俩之间有一套完整的、只有我和他的语言体系，这丝毫不妨碍我们互相表情达意。被身边的朋友好心劝告过好多次："多和他说话他就会开口讲"、"放慢你的语速，他会更有表达的意愿"、"一个字一个字地教他"、"逼他说，不说就不给他喜欢的东西"……从涵进入 2 岁开始，我耳边几乎天天充斥着这样的声音。

任凭别人怎么说，我都用一个"不着急"回应。反正我和他之间的语言体系从没阻碍过我们的表达，那我何必要强他所难？他不过才两岁，这辈子有好几十年的时间要去开口说话。

2 岁 5 个月那天，我给涵买了一块草莓蛋糕，跟他说："小伙子，恭喜你可以独立行走一周年。"他下手去抓蛋糕上的那颗草莓的一瞬间，扭了下头，对着我磕磕绊绊地说了句："谢，谢谢妈妈。"

全家人被他的这句话惊到。

这算是他开口讲话的起始点。伴随着我和他之间语言体系的瓦解，他开始与这个世界进行交流。其实我心里有一点失落，因为他自己的小世界正在构建的过程中，我知道这是迟早的事，但失落就是那样存在着。

而后的5天，我们登上了环球之旅的邮轮。

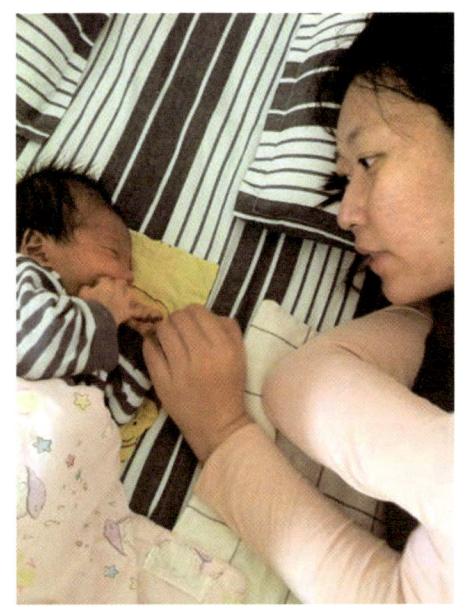
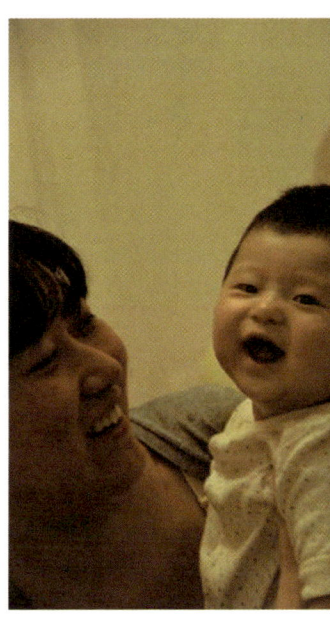

Book 谢谢你陪我走世界 ⁰005_

2012

2013

2014

2015

有了你，就要把你拴在身上

我是个不安分的妈。

从子宫里住进他的那天起，我心里就都是怨——旅行计划全部泡汤，孕后期的早产迹象让我提早两个半月进入了备产状态，最终声嘶力竭地把他生出来，看着这个皱皱巴巴的小老头儿瞬间感到心塞。月子里与家里人在育儿问题上的抗争让我濒临抑郁，他着急要逃脱我的子宫来到这个世界致使他大运动发展比同龄宝宝迟了足足4个月……

直到2014年2月27号，在他1岁5个月当天，相机镜头里终于只有他一个人站立的身影，他不再需要任何外力就可以随心所欲地疯跑了。也就在那一天，我订了三张从北京到三亚的机票。

他会走了，这不仅是他成长的重要记号，更是他可以陪我一起去游走世界的重要标志。

人们都在讨论亲子游的意义和价值。专家们推陈出新的理论让孩子的爸妈开始没有阵脚地追随。但有一个事实是无论多权威的专家都没办法在现阶段证实的，旅行给孩子未来带去的影响是隐性存在的，国内亲子游发展不过近几年才兴起，我们很难找到一个实际案例来进行追踪报道，看到它显性的那一面到底是什么。

因此，做出带涵去旅行的决定并非一刹那的冲动。我承认，是我在北京待得太闷了，我的心早已经飞到世界各地，是我太不安分、太渴望去旅行了，有了这个能够触底内心的理由坐底，也就省去了听某些专家之言的烦琐。

由此，我们的旅行目的很明确——涵要陪我去游走世界，他能在旅行中收获什么，看到什么，这些问题的答案我都要等若干年后才能看到结果，但当下，我的确要做这件被大多数人看起来费力不讨好的事情了——让涵陪着我一直走，走遍我想去的每个地方。即便旅行的意义并未反射在他的生活中，但至少他陪我一起走了那些我想走的路。

就连最好的闺蜜都劝我，把这么一小只的涵放在家里，又不是没人帮你照看。可我依然不肯开启我和涵爸的二人旅行模式，因为我们的生命里有了他，所以无论走到哪儿，也要把他带在身上！

因此，做出带涵去旅行的决定并非一刹那的冲动。我承认，是我在北京待得太闷了，我的心早已经飞到世界各地，是我太不安分、太渴望去旅行了，有了这个能够触底内心的理由坐底，也就省去了听某些专家之言的烦琐。

Book　谢谢你陪我走世界

顺利来得竟然意想不到

我们同行的第一个目的地选择了三亚。明知性价比低、会被黑、被人戏称为"冤大头",但既然有涵的参与,就要有对他的迁就。三亚这个具备了天时、地利、人和全部优势的地方,几乎成了大多数亲子游家庭的首选之地。网络上盛传了上万条攻略,只看了2篇,心里却更没底——那显然不再是真正意义上的旅行,而是搬着半个家去海边住上几个晚上的酒店生活,那些让我闻所未闻的行李单最终依然挡不住孩子水土不服、全家精疲力竭的遭遇。

"算了,就这样吧。"面对着收拾好的一个28寸大号旅行箱,我说。事实上,我们的三亚行,真就带了一个箱子,装下了一家人5天的全部行李。

"在他娶老婆前,我们一家三口再来一次三亚。"

回程的路上,我对涵爸说。

回想旅行的整个过程,涵实在不像是一个1岁半的孩子,我全部的担心都是多余的——我为他在飞机起飞和降落时耳膜的疼痛感做好了堵奶嘴的准备;到了酒店先将行李箱里的各种婴儿果泥存入冰箱;担心他只认得家里的床而不肯享受酒店的大床,特意背来了他最爱的熊猫弟弟作陪;从酒店预订的婴儿推车是防止他黏在我身上不肯独自走路……

可事实上,因为我选择了涵午睡时段的航班,飞机还没起飞他就已经睡香了,哪儿还顾得上耳膜的感受;从家背去的各种辅食最后统统留在了酒店的冰箱里,他看到那些新鲜食物居然站在桌边、踮着脚、伸着胳膊直接从盘子里抓食起来;每天把自己累到秒睡的程度,哪儿还会在乎床主的问题,只是他的猫弟一直被他冷落在角落里;婴儿推车成了他的玩具,我主动去抱他,却遭到了拒绝……

这就是我们的第一次旅行,竟然是意想不到的顺利。

澳大利亚的那个『楷模』妈妈

第一次同行受到了家人朋友的格外关注，细节不知被问过多少次，归根结底就是一个问题：你是否能搞定这个还不太懂事的小旅伴？我回答得有些疲惫，最后只用一句话回应了："他真的是我的好旅伴。"

而后，又被新手妈妈各种盘问，涵在旅行中会不会闹脾气，会不会夜里增加奶量，万一生病水土不服怎么办，怎样可以让孩子劳逸结合……话到嘴边的答案又被咽进心里。没有任何医学背景作支撑，仅从怀孕时看过的那些国外育儿理念中提取了被我视为重点的精髓就把涵粗枝大叶地拉扯到1岁半，一路走来没来得及判断真伪，但从心力和体力上都觉得带娃未必真的是件艰辛的事。辛苦一定有，但程度完全可以由自己掌控。而那些被问及频次最多的问题，其实都和旅行没有太大关系。

2011年春天，我去巴厘岛出差，在金巴兰的夕阳下，在库塔炙热的沙滩上，在酒店清澈见底的泳池边，随处可见欧美以及澳大利亚的年轻父母带着刚出生的小宝宝度假的场景。那时候我根本没想过数月之后自己的身体里也会住进另一个生命。和他们闲聊，认识了一个只有20天大的mini宝宝被爸妈从澳大利亚带过来，妈妈说："生完孩子后感觉生活突然变闷了，在家休养了半个月，心里向往这赤道边的阳光和沙滩，所以想都没想地装上宝宝的尿不湿和换洗衣服，挎着肩背就飞来了。"

看着那个身体软得还不能竖起来抱的宝宝，我对孩子妈钦佩得五体投地，这是一个多忠于自己的内心意愿的女人，她上演的是一场说走就走的旅行，这场旅行是她和孩子生命亲密交流的开端，日后那个小生命很难成为她未来旅途中的牵绊。

一年半以后，也就是2012年9月，我和涵终于见面了。

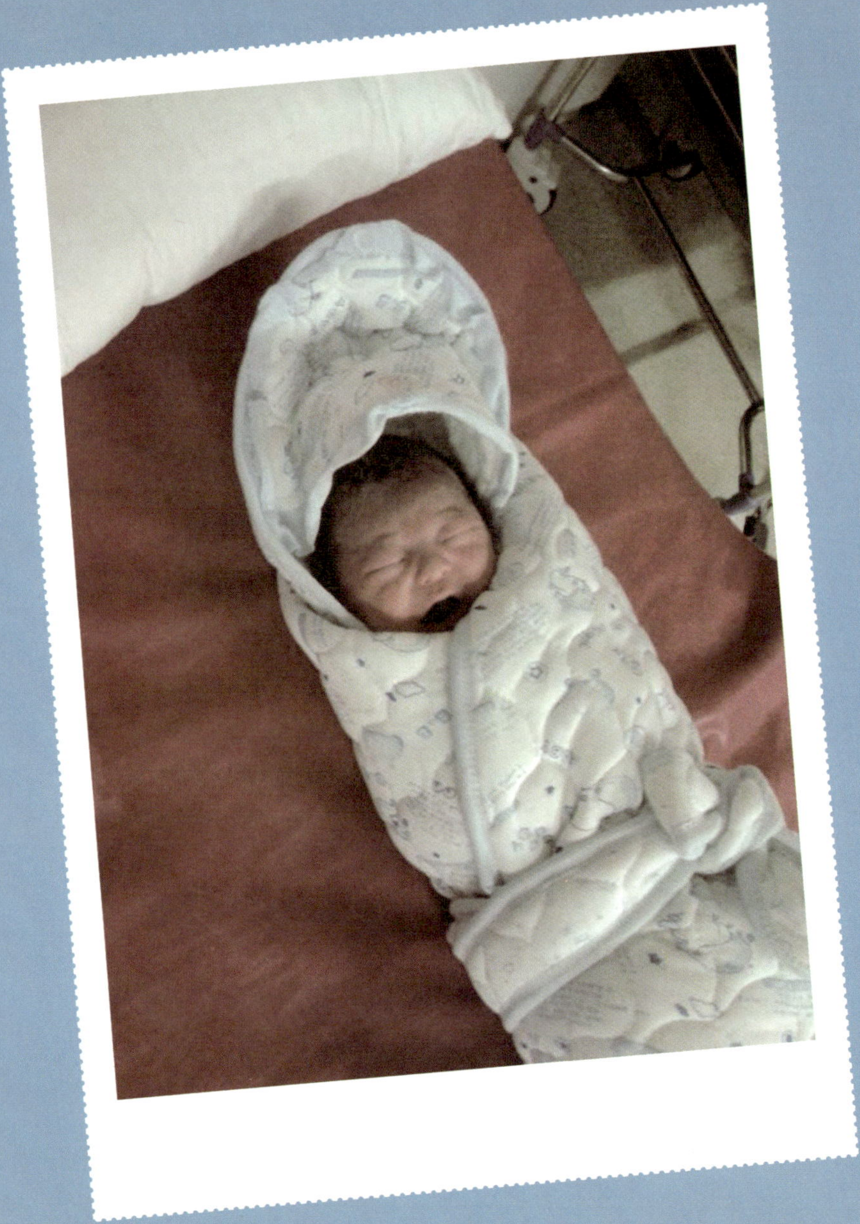

我看了你一眼，你瞪了我一眼

关于我俩见第一面有个有趣的故事。

涵是个急性子，他刚满30周时，我在例行B超检查中被查出宫口已开，宫颈管缩短到15mm，医生严肃地告诉我："必须静养，卧床，再溜达孩子有可能溜达到马路上。"自此，我那没有孕吐反应的幸运孕程宣告结束。留给我的是一个闷热的三伏天以及家里那张1米8乘2米的床。

"如果能保胎到32周，存活应该是没问题了；到了34周，你就算完胜，只要孩子体重达标，不需要进保温箱。"这就是一场听天由命的游戏，只是这场游戏太刺激，让我有点儿胆战心惊。

当我挺着37周足月的大肚子坐在医生对面时，她用"奇迹"这两个字形容她的兴奋。"怎么能保这么久……"我没有告诉她那七个星期我的生活——吃喝全在床上解决，洗澡是要先坐在转椅上然后被推进卫生间，坐着冲洗完再被抬出来。就是在那段日子，我才感受到孕妇要经历的难捱阶段。至于肚子里的小不点儿，他在让我释放母爱的同时，也让我对他有了些许的抱怨。

生产的过程很顺利——在经历了人工破水、不规律宫缩之后，催产素注射到我的体内，半个小时后，效力发作，又过了3个小时，我成功卸货。护士把他包裹好，抱到我床边，我们彼此瞄了对方一眼，他睁一只眼闭一只眼，然后居然把头转向另一边。

这就是我俩头次见面的故事。回忆起来满是欢乐的，可回想当时，看着这个皱巴小子，我实在不知道自己该怎么给他当个有模有样的妈。

做个什么样的妈需要明晰的答案

孕期看过再多国外育儿理念也是无用,因为不管此前有多认同,一旦到了实践阶段,一家人总可以找出各种理由摒弃外来。什么人种不同、体质不同、习惯不同,总之各种不同的结果就变成了我们还是需要按照中国传统方法来养孩子——涵出生前准备的温馨小床已经成了存放尿不湿的储物柜;他喝着奶睡着后才放到床上就号啕大哭,于是家里人硬要排个班次来轮番抱睡,充足的理由是"担心他会哭成疝气";尿不湿与尿布的 PK 战上演了一轮又一轮;黄疸的来袭让全家人紧张得没了阵脚,最后愣是把才出生三天的涵带到儿科住院部接受蓝光治疗;我和涵爸被奶奶和姥姥的参与搅和得疲于再与对方进行沟通,冷战一直持续,甚至看不到未来……

涵的到来,彻底将这个家一直以来的快乐氛围消磨殆尽。而这种打破也愈发让我变得烦闷和无奈。

并非要做个特立独行的妈,只是希望生命里即便有了他,我还能在生活中寻到一点洒脱。心里一直问自己:"为什么外国妈妈可以一边带孩子,一边喝着咖啡惬意地享受地中海的微风,而我们却在有了宝宝之后生活变得如此不堪?"

如果生活就此糟糕透顶下去,我宁可不要孩子。

假设和如果是一种最无力的态度,现实情况是——户口本里多了一页,他参与到了我们的生活中,该如何与他相处是我最先要想明白的问题。或者说,我要给他做一个什么样的妈,这件事是可以由我自己做主的,但不可以轻易改变。

第一章　你一降生，便被我筹划着一起上路　　018_

延迟喂养的奥秘究竟在哪里

当主动选择权被我紧紧地握在手心时，似乎也就找到了一些与外界和解的方法。

月子里的时候，我知道月嫂的经验能甩出一个新手妈好几条街，但还是恳请她按照我的方法来照顾涵。我们三人睡同一卧室，夜里涵哭着要奶，月嫂为了让我得以休息，把他直接抱到我怀里吃奶，可我却在涵声嘶力竭的哭闹中把他放在床上，眼睁睁地看着他哭得通红的脸以及冒出一层密密麻麻的湿疹，月嫂无奈，只能把白天我吸出来的奶加热后再喂给他吃。这个过程大概需要 5 分钟，这就意味着涵会狂哭 5 分钟。月嫂暗中着急，给老乡打电话，小声说："猜不透孩子妈是怎么想的，有最简便的喂奶方法，她怎么还能忍心把孩子推给我？伺候过这么多产妇，还是头一次遇见她这样的。"

第二天，家里人对月嫂已经表现出了极大不满，原因正是因为她在夜里没有及时喂饱涵，惹得孩子号啕大哭。我满脸歉意地和她解释我的用意——每天在他要奶喝的时候让他小哭一会儿，可以延迟他下一顿的喝奶时间。我宁愿现在做一个狠心妈，因为我相信宝宝睡长觉的重要性远远大于他喝夜奶。

月嫂做满 26 天后离开了我家。接下来的日子完全由我们自己来协调，经历了一番周折后，我最终拍板决定：白天全家人一起照顾涵，晚上把他交给我一个人，涵爸睡客厅，涵姥姥睡次卧，那间主卧留给我们俩。

这个决定遭到了全家人的一致反对。每个人都可以说出绝对称得上理由的理由来阻止我，我第一次感受到"孤军奋战"的无力，明知每个人的心里都有善意的美好和满满的爱，也从未想过要去剥夺孩子和家人在一起的亲昵时光，但当我们的育儿理念已经表现出极端差异时，我不想让自己被现实打

败,哪怕众叛亲离,我也要用坚持来对抗。

那天在饭桌上,当着涵爸、姥姥的面,我说:"孩子是我生的,怎么带他必须听我的。"放下碗筷,走回主卧,看着平躺在床上的涵,我忍不住去亲他的小脸,可就在我抬起头的那一瞬间,才发现,他的脸上竟然留下了我满眼的泪珠。

夜里他哭着要奶,我手脚麻利地起来去冰箱里拿出冷藏好的母乳,放到温奶器里,然后反锁上门,涵肆意哭,我把他抱在怀里,嘴里念叨着:"涵,等奶热了就喝啊,坚持一会儿啊……"他怎么可能听得进我的"一派胡言",哭的分贝值只增不减,此时涵爸和姥姥急得在主卧的房门外一阵猛敲,我的乳房被他的哭声刺激得更加肿胀,乳汁渗透在贴着胸衣的防溢乳垫上,直到温奶器的提示灯自动关闭,奶温达到40度时,奶嘴堵到他嘴里,门里门外才都安静下来。

如果说延迟喂养是对婴儿的一种折磨,更准确的说法应该是对妈妈的折磨。但可喜的事情总会发生,连续一周的尝试让我看到了一颗硕果,我第一天推迟十分钟喂奶,第二天他竟然会推迟十分钟要奶喝。每天如此,从无例外。

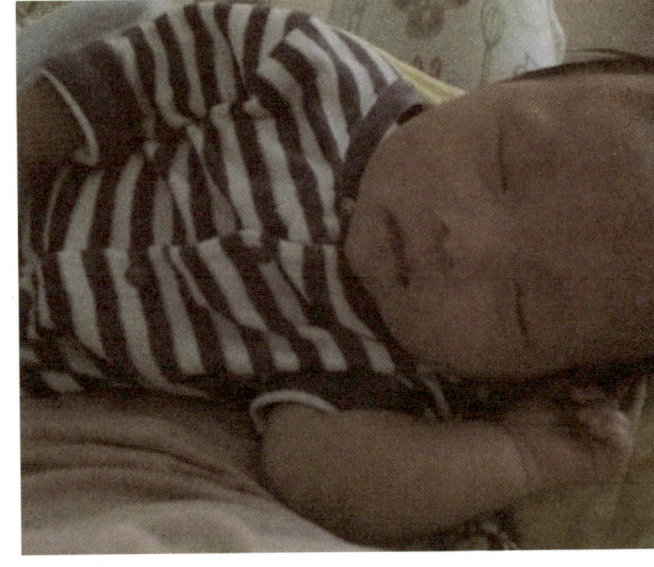

Book 谢谢你陪我走世界

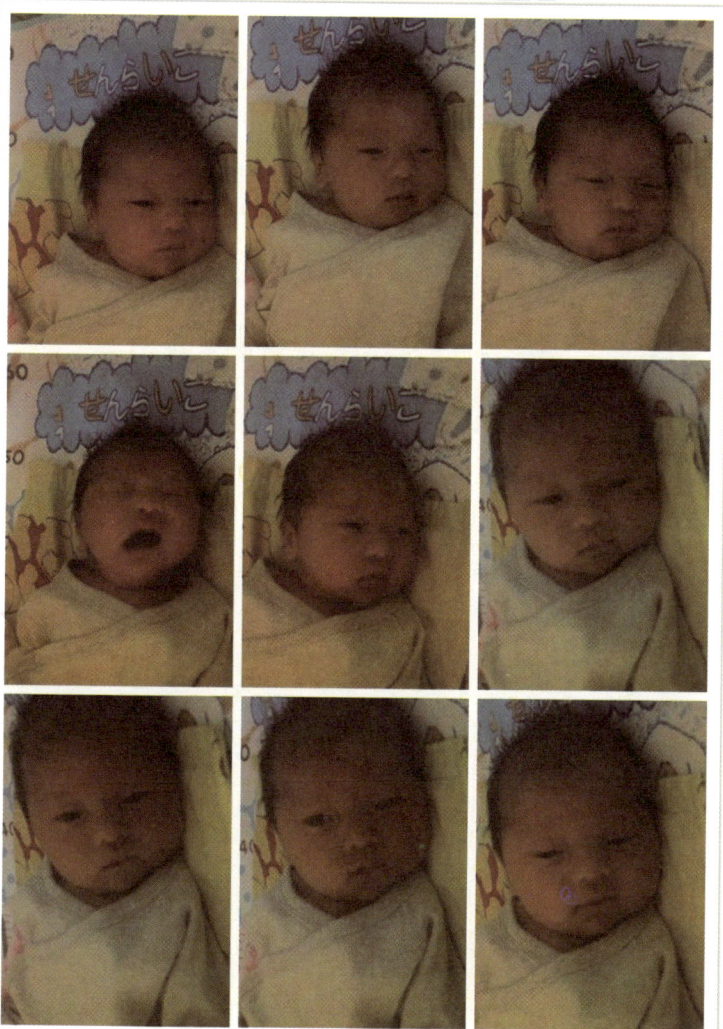

我们都该感谢我们自己

做了妈妈的女人，要学会一件很重要的事——感谢自己。生活中发生的每一个奇迹都可能是因你而生的。

我要感谢自己那时候的坚持。这份自信的感谢是在涵生命中的第 90 天发生的。

那一夜，我被外溢的奶水浸湿睡衣的那种凉冰醒，起来吸奶时已经是早上 6 点，这刚好是涵要喝第二次夜奶的时间。可一整夜过来了，他依然沉浸在他的梦里，任凭吸奶器发出吱吱的机器声和奶哗啦哗啦掉入奶瓶的声音。轻轻摸他，给他换上纸尿裤，再帮他盖好被子……一个美好的开端就这样开始了——涵在他刚满 3 个月的当天成为了一个不需要夜奶的小宝宝。只有 90 天的他安静地在小床上睡足 9 个小时后，像个大宝一样起床，开始他新一天的生活。

我忍不住和周围人炫耀，称赞涵懂得心疼我，可过来人的一致回答却是"这仅仅是个过程，千万别夸下海口，说不准哪天就会循环往复回到刚出生时的喝奶频次。"没有办法不去相信过来人的提醒，但我仍愿相信他的接受能力和适应能力会比我想象的强大。

人有时候是需要用一种相信来面对生活的，就像我对涵，经过一个月的观察，这一次的相信让他果真在百天前成功断掉夜奶。我就像一个鼓吹奇迹的人，在各种社交平台里开始了引以为傲的炫耀。或许是从那时候开始，我就进入了一个用孩子炫耀自己的旋涡，这是一种俗世得太寻常的生活，但它俗得有味道。

涵爸说，儿子懂事，真知道心疼我。
我说，生活习惯养成了，等他会走了，带他去环游世界！
涵爸的笑有着一种敷衍的意味，那时候他只把我的话当成一个笑柄。

你天生就是个小男子汉

攻克了夜奶的障碍后,我发现了一个比夜奶更棘手的问题。

已经过了百天的涵依然不会俯卧抬头。按照中国传统的三翻六坐八爬的标准,涵已然到了可以翻身的月份,却无法将脖子立起来。

全家人又开始了一轮寻找问题答案的过程,甚至想过送涵到新生儿康复中心进行治疗,我关上门不想多说一个字,因为我确定他一定没问题,他只是比大多数婴儿晚一点,仅此而已。可那又能怎样?

直到他七个月时,身高将近 75cm 的涵终于自由地在床上翻滚了,他的第一项大运动发展比规定标准足足迟了 4 个月,这个数字是在提醒我,对于他的成长,我们全家都不能操之过急。

既然不会翻身,那就训练自己躺睡吧。成年人总认为是孩子依赖于我们的手臂和怀抱,其实是我们剥夺了孩子舒展睡姿的权利。那些"抱睡成瘾""悠睡成瘾"的婴儿,错都不在他们。

涵经历过很短时间的抱睡,那时候他还在月子里,家里人看谁抱孩子都眼红,他那么小,只有十斤重,再怎么抱也不会觉得累,可就是这充满占有欲的怀抱,让他难以再回到那张舒服的小床里。姥姥说,抱就抱吧,能抱几年?长到三岁你想抱他都会跑掉。

是这个道理,可他已经摆脱了住在子宫里被羊水包围的游荡感,他该知道床是平的,躺在上面是不会浮起来的,伸展四肢睡觉才是他一辈子的睡姿……我就像面对一个可以聊天说话的大孩子一样和他说着这些,即便我清楚地知道,他是个婴儿,距离成年还有 18 年的时间,我有那么长的时间可以去宠溺他。可是,没有人可以在 17 岁的最后一夜,翻一个身就长大成人,因为一夜的时间根本无法让他的成长频道就此告别孩提时代。我明知不该对他的成长有过度的预期,但也不想放弃想象的权利,就算我自私地剥夺了他可以行使婴儿的特权,那也是提早给他提供了一个小男子汉成长的氛围,这样至少让他在迎来成年礼前的那个晚上,不会觉得世界是如此唐突地与他对立存在。

所以,简单来说,涵的成长跳过了可以持续很多年的放纵期,吃喝睡的规律都在 6 个月之前全部形成。在大多数旁人对此羡艳不已的时候,育儿专家提出的"按需喂养"这四个字无时无刻地与涵的成长形成了最大化的矛盾。回想当初,我是略带着赌气的情绪在与专家的观念作对,一种通过孩子超龄成长的成就感以及涵的无条件配合让我坚定地按照自己的方法陪他一起成长,涵那每一点接近大孩子生活节奏的进步,都让我对未来充满了无限的期待。我在微博里写道:"等你可以独立行走了,妈妈就带你去环游世界。"这是一条设置了阅读权限的微博,能看到的人只有一个,我自己。

是这个道理,可他已经摆脱了住在子宫里被羊水包围的游荡感,他该知道床是平的,躺在上面是不会浮起来的,伸展四肢睡觉才是他一辈子的睡姿……我就像面对一个可以聊天说话的大孩子一样和他说着这些,即便我清楚地知道,他是个婴儿,距离成年还有 18 年的时间,我有那么长的时间可以去宠溺他。可是,没有人可以在 17 岁的最后一夜,翻一个身就长大成人,因为一夜的时间根本无法让他的成长频道就此告别孩提时代。

Book 谢谢你陪我走世界 027

即将迈出的是环球旅行的一步

和家人在陪涵成长的事情上分歧太多,虽然每一次我都以强硬的态度握住了主动权,但抗争的过程太煎熬。断夜奶、不抱睡、不按需喂养……这已经挑战了家人的底线,我怎还能开得了口,说出"我要带他去看海"这一句?

回想几年前在巴厘岛看到的那个躺在妈妈臃肿身体里的mini宝宝,显然,我已经错过了在涵的mini期把他装在肩背里带上飞机的机会。

不是没想过把他扔在家,我一个人出逃,可乳房里存着的是他全部的能量来源,我每天吃着没有咸淡味的各种高热量进补佳品,为的仅仅是做好一头"奶牛"。这是我第一次体会到"我是他妈妈"的存在感,他对我是有需求的,并且这种需要感在这个世界上唯有我可以给予他,其他人统统做不到。

在那几十个"遏制"他断掉奶的夜里,在他犹如下一声就要断气的哭声中,我抱着他在他耳边重复着一句话:"涵,等你再长大点儿妈妈就带你去环游世界,我们去坐大飞机,去你一定会喜欢的游乐场……"后来我才意识到,我是在用这种方式鼓励和诱惑我自己。

即便他6个月时的生活已经打开了规律化的模式,但体重和身高的增加,以及添加了需要亲手制作辅食的烦琐都在击碎我想带他去旅行的想象。

"等吧,等他会走了,至少他变得有能力不依附于我身体的那天,我们再开始旅行,那或许才是最好的时间。"这不是自我慰藉,而是在理智与清

醒中方才做出的决定。说真的,孩子越大,越不敢用他的成长去冒险——世界在6个月宝宝和1个月宝宝的眼中存在着天与地的差异,这与什么世界观、人生观都无关。

可我还是不敢带他走。

也许只有当他对我的依附渐行渐远的那一刻,我才会对此格外眷恋、依依不舍。但当一个没有能力必须要依附你的人占据了你全部生活时,你或多或少地会憧憬日后更自由的日子。说得更直白些,我要的是和涵一起去旅行,至少他的双脚可以实实在在地踩在路上,他可以用意愿拉着我去看他好奇的景色,那时候我会成为他最好的旅伴,陪在他身边,走东闯西,见识他想看到的一切美好、丑陋和真实存在的东西。

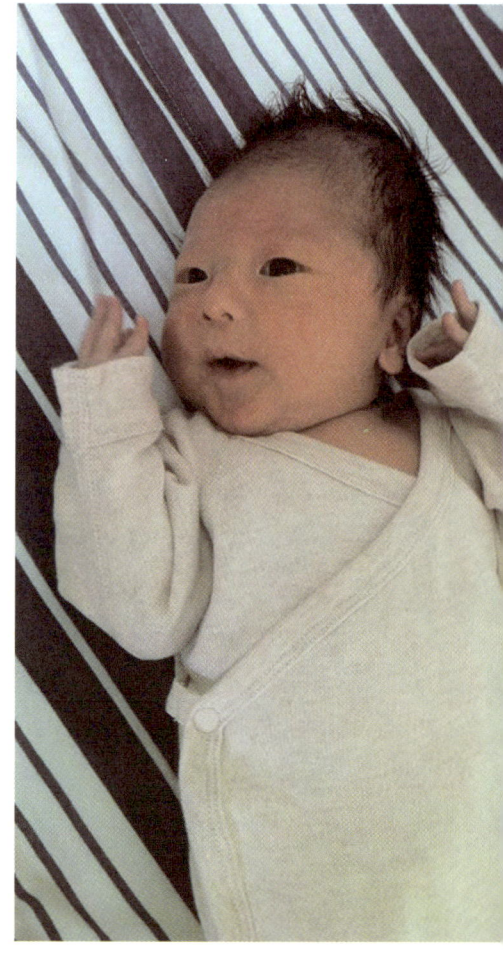

『等吧,』等他会走了,至少他变得有能力不依附于我身体的那天,我们再开始旅行,那或许才是最好的时间。』这不是自我慰藉,而是在理智与清醒中方才做出的决定。说真的,孩子越大,越不敢用他的成长去冒险——世界在6个月宝宝和1个月宝宝的眼中存在着天与地的差异,这与什么世界观、人生观都无关。

独一无二的语言体系

关于旅行的预期，涵让我们等待得有些漫长。

1岁5个月当天，他甩开被姥姥保驾护航的那只手，一个人飞奔出去，那个瞬间我听到了他为自己喝彩的笑声。我站在角落里，看着一个小肉墩儿跌跌撞撞随时有可能摔倒，但还是没有伸出一根手指给他助力。

他终于走起来了，该跌的跟头迟早要跌，不管是在练习的路上，还是在成长的路上，或者干脆就是在旅行的路上。总之，没有人会完好无损地长大。我很认真地对涵说："不管你因为什么原因摔倒了，要做到第一个动作就是抱住脑袋，尽可能别让头部受伤。"他心不在焉地看了我一眼，然后冷不丁地把蹲在地上和他说话的我"扑通"推了个跟头，自己也没站稳，扑在我的身体上，当我抱起他时，惊喜地发现，他的两只小手都挡在自己的小脑门儿上。

这个举动让我着实惊讶——尽管那时候他连一声"妈"都叫不出来，但我们的语言体系居然已经在我全然不知的情况下，没有声响地建立起来了。

三张机票送给会走路的你

其实，那次三亚行不该被称之为旅行，而是一个象征，它预示着我以妈妈的身份进入一种全新的生活模式。这种模式的建立要依傍于涵在旅行中的点滴成长，然后逐一成熟起来。有了这个明确的方向，目的地的选择就被弱化了。塞班、关岛、夏威夷、普吉岛、巴厘岛、苏梅岛，甚至于毛里求斯，在涵的眼里这些地方都是湛蓝的海，都是热浪滚滚的夏天，都有炙热的阳光，都有可以雕沙堡的细沙，这一切对于一个只有一岁半的小朋友来说，就像阿姆斯特朗在月球上迈出的第一步，是一个值得被记录下来的里程碑。

2014年2月27号晚上，就是涵独立行走于世的那天，他睡得比平时早一个小时。那时候他还不知道生活中有一个常被用到的东西叫台历，它可以记录点滴，记录那些值得被记住的事情，他不知道，妈妈已经把月历盘上的这一页规整地撕下来粘在了一个珍贵的本子上。那个晚上，他的睡相里藏着笑。他不会用最简单明了的语言表达兴奋和骄傲，但就像阿甘一样一直跑，一直跑，然后被我追上，他尖叫，再然后开始新一轮的奔跑。他耗费了从出生以来积攒的全部能量，摔得膝盖已经破了皮，可每一次都是自己撅着小屁股奋勇地爬起来，掸掸手，刚才发生的情景继续循环重演。

涵睡在我身旁，我在手机上输入了三个身份证号码，选好了时间，拇指按下确定键的那一刻，我真想把在熟睡中的小家伙叫醒，然后兴奋地告诉他，妈妈用三张机票庆祝你可以独立行走这件事。对于即将而来的旅行，涵是参与者，他有权知道一切细节。我知道，走路和机票

原本都是稀松平常的，但当它们与一个小生命同时联系在一起时，我送给他的这份礼物就显得格外有意义了。

旅行定在一个月后，在让我兴奋的那30天，我和涵每天重复着相同的独白："我们要去看大海啦！""到时候在沙滩上挖个托马斯的隐形隧道，带上你的小火车一起去！""这个是救生圈、游泳衣，你去泳池里泡泡澡。""你要把谁装进小书包里陪你去旅行？""酒店的房间是海景房，站在阳台你就能看到大海。"……把每一个我已知的细节统统传递给他，试图通过他的表情得到满意度的反馈，显然这样的预期对一个从没有出过远门的一岁半小孩儿来说，实在有些高了。

面对一个 28 升的大行李,内心的忐忑让我恨不得把世界缩小一万倍,然后把所有能想到的东西统统塞进去。涵爸的一句"大不了改签随时飞回来,你纠结个什么"的洒脱让我瞬间释怀。很多时候,生活中的确需要这么一个能宽慰自己的"大不了",最糟糕的结果不也就是这个"大不了"了吗,那我还担心个什么?

庄严的仪式感

从北京飞往三亚的飞机上,至少有三分之一的座位被爸妈带着孩子占据。涵在临登机前完成的最后一件事是拉臭,一分钟前还在对候机厅充满好奇,一分钟后就定神不动了。看他憋红的小脸,我跑过去,蹲下身隔着裤子去闻他的屁屁。

"嚯!"

他听到我发出的这个音,不好意思地搂住我,咯咯咯地乐出声来。

只有当了妈的女人会懂,孩子的便便是天赐的礼物——马上登机,涵解决了吃和拉这两件大事,接下来留给我的功课就是想办法哄睡他。最完美的是在飞机起飞前睡着,这样可以免去气压对耳膜的刺激。

走进机舱时,他拒绝被抱,硬要自己跌跌撞撞地走那条狭窄的通道小路。没错,这条路他该自己走,我确定日后他会有数不清的机会自己穿过这条路,但此刻,他又让我想起了阿姆斯特朗在月球上迈出的第一步。他坚定的小眼神告诉我:一会儿要发生的事情我都已经做好准备了。

安抚奶嘴塞进他的嘴里,他习惯性地咀嚼,津津有味,机舱里广播着中英双语的乘机注意事项,他尚未到2岁,本可以只花1折的价钱购买婴儿机票,但我还是给他买了一张有座位的儿童票,给他一点的空间,一个单独的座位,帮他系好安全带,任何人都需要存在感相伴,此刻,这便是我可以带给这个1岁半小生命最庄严的存在感。

关于涵第一次搭乘飞机,我做了很多功课,内容不仅有对涵的安抚准备,也有对宝宝在飞机上安全性和便捷性的研究。首先在旅行前两天,我给航空公司打了电话,提前告知我们的行程中有小宝宝,需要一份贴心的宝宝餐;然后登机后,要记得向空乘人员要一根婴儿安全带,用法很简单,就是将宝宝用的安全带串过大人的，第一次使用干脆就交给空乘来完成。平时坐车涵习惯了被爸爸系在安全带上，他已经将安全带和车这两件物品打包在一起了，当习惯变成一种前奏，飞机上的安全带就变成了一个不需要交代的东西。

安抚奶嘴真是个神奇的发明，虽然很多人一致认为它对宝宝牙齿发育存在着隐患，但它在婴儿期能起到的作用远超出了爸爸妈妈集合体的能力。涵在奶嘴的作用下，在最完美的时间点睡着了，直到降落，他被机舱里孩子们嘈杂的欢呼声吵醒。

我扭过身低头在他耳边轻轻说了句："咱们到三亚了！"

从此，他的世界里多了一个名字：三亚。

安抚奶嘴塞进他的嘴里，他习惯性地咀嚼，津津有味，机舱里广播着中英双语的乘机注意事项，他尚未到2岁，本可以只花一折的价钱购买婴儿机票，但我还是给他买了一张有座位的儿童票，给他大一点的空间，一个单独的座位，帮他系好安全带，任何人都需要存在感相伴，此刻，这便是我可以带给这个1岁半小生命最庄严的存在感。

Book 谢谢你陪我走世界

心里隐藏着一面海水

涵在熟睡的时候，我半梦半醒地闭目养神。这是第一次和涵结伴而行，镇定或多或少是装出来的，想在飞机上睡个安稳觉，可双手始终过于紧张地搂着身边这个只有90厘米高的孩子。入睡这件本是稀松平常的事情，对于精神紧张的人充满了难度，眼下我身处在一个狭小的空间，面对一张张陌生的脸，以及此起彼伏的哭声、笑声和尖叫声——听一个做空乘的朋友说过，当机舱里的孩子数量超过3个时，这个密闭的空间有可能会上演一部灾难片。大人对孩子的情绪变化束手无策，听之任之。每一个在飞机上睡着的孩子都是天使，生活对我有太多关照，它安排了一个天使睡在我身边。可说心里话，有那么一刹那我想叫醒涵，看清醒的他是不是也会变成一个恶魔旅伴。

此后的几天，涵第一次见到大海，平静的和汹涌的，他都见识了；第一次被扔进半米深的游泳池，他不知道身上套着的救生圈是可以保护他的，然后用力地哭，伸手抓水寻求帮助，回到岸边，又不知深浅地往下跑；他的小脚被细沙包裹住，患有"婴儿洁癖症"的他皱着眉用小手去撑脚丫，却"扑通"坐在了热滚滚的沙滩上，又粘上了一屁股沙子；在酒店的餐厅里，他第一次抓食火龙果，那密密麻麻的芝麻粒沾满他的小脸；第一次不洗手就吃东西；第一次和小狗一起在草坪上飞奔，摔倒，爬起来，然后继续跑，继续摔……

那时候，一岁半的他只会用点头和摇头这两个世界通用的肢体语言交流。站在海边，把他抱在怀里，我看着他，他安静地看着海，我猜不透他的思绪里写了些什么，思念一个人？回首一段情？憧憬一个未来？成年人的思维只能是这样了，挑战不出更多新的东西，但我很确定，我猜的都不对！

我问我的旅伴："喜欢大海吗？"

他点头。

"这里的饭好吃吗?"

他继续点头。

"你是妈妈特别好的小旅伴,以后我们还一起出来玩儿好不好?"

他使劲搂住我,掰着我的脸,用力地亲了一口。

虽然我的脸上沾满了口水,但我却不舍得用手拭去那湿漉漉的液体,想让它在海风中慢点儿挥发。这一次,涵留给我的不再是独白,而是我们之间的对白。即便他吝啬地不肯给我一个发音,但就在他紧紧抱住我的那一瞬间,我知道自己再也不是一个每天对着空气说话的精神病,我说的每一句话、每一个字他都真切地感受到了。

自此,这个世界上又多了一种语言体系,能读懂的人只有我和他。那是2014 年的春天,正是面朝大海春暖花开的时节。那一年的春天太美好了,面对一个寡言的小孩儿,我感知着他内心深处的厚实。从那一刻起,我的心里隐藏着一面海水,清澈见底。

那时候,一岁半的他只会用点头和摇头这两个世界通用的肢体语言交流。站在海边,把他抱在怀里,我看着他,他安静地看着海,我猜不透他的思绪里写了些什么,思念一个人?回首一段情?憧憬一个未来?成年人的思维只能是这样了,挑战不出更多新的东西,但我很确定,我猜的都不对!

Book 谢谢你陪我走世界

PART 2　为了我自己，带你踏上环球的路

你留下的是我的黄金时代

旅行是一种瘾。特别是当你拥有了一个很合拍的旅伴的时候，这种瘾根本戒不掉。

刚从三亚回来，我就开始筹划下一次旅行。2014年邮轮游在尚未迎来它的巅峰元年时，我和涵就踏上了一段奢华的邮轮之旅。出发时，1岁8个月的涵和31岁的我，公平地开启了我们人生中第一次海上生活的体验。

这一次，我们是平等的——我没有资格用经验告诉他这将会是一场怎样的旅行，我和他一样，对于这段漂泊在海上的生活一无所知。所以临出发前，看着他好奇的眼神，我对他说了很多次："如果妈晕船，你要记得给我喂药。"他立马跑到玩具柜前，打开抽屉，拿出他的小药箱，挂上听诊器跑到我怀里，对着我的脑门儿听起来。

事实上，5天的旅程又构成了一段完美的回忆。涵早已经形成的生活习惯不再是我们旅行的困扰，与三亚行仅隔一个月，我却在亲子游这件事上变得底气十足，经验说出来头头是道，虽然还有很多未知，却也敢在旅行中做一些心血来潮的事情。再看我的小旅伴，他跌跌撞撞地走在甲板上、船舱里，走东闯西地融入其中，"适应期"对他来说显得有点儿多余。

在爬与走这两个都可以推动他前行的动作中，刚刚学会直立行走的涵更热衷于用四肢走路，他爬遍了整艘船的边角。同船2000多名游客在那几天一下子都变成了朋友，有的爷爷奶奶看到在人群中爬行的涵，总会上前制止。

每每遇到这样的好心人，我都会上前感谢，然后示意涵可以继续趴在地上。此刻，涵正在经历从婴儿向幼儿转变的过程，可即便他是婴儿，我们也都有各自的立场，对于一个不到两岁的孩子来说，爬就是他的立场。他没有错，因此他可以让自己的立场更加鲜明。

我们迎来了旅行中最后一个完整的航海日，他拉着我爬上甲板的至高点，把我安排在一个躺椅上，然后从我手里抽走手机，一岁八个月的他已经可以娴熟地操作iPhone，他倒着走路，险些摔屁墩儿，停下来的那一刻示意我坐好，他的样子就像照相馆里的老师傅，以骑马蹲裆式的姿态按下屏幕上的拍摄键。海浪的声音淹没了相机发出的"咔擦"声，当他跑回我怀里，激动地捧着手机在我眼前左右晃动时，我看到的是一个穿着粉色宽大T恤、丝毫未修边幅的我自己，托着腮、一副憨憨的表情。

30年来，我拍过上千张照片，有见证学生时代的纪念照，也有纪念爱情的婚纱照，还有怀胎时的大肚照，专业摄影师在光影下捕捉到看起来样子还算不错的我，我把那些美的、好看的自己留在相册里，可那些美好的画面和涵为我拍的这张相比，简直不值得一提。那是他生命中拍摄的第一张照片，镜头里是给他生命的人。那年我30岁，在影像中我留下的是母性的美，永远不可能被复制，更没有言语能够说明。把照片冲印成一张20寸大照片，摆在家里最显眼的地方。每一个看到过照片的人都不解："你的自黑也不过如此吧？"

坐在船头沉思

他朝着妈妈的方向望去

1岁9个月的涵和31岁的我

站在海中央托起太阳

涵为我拍摄的第一张照片

这一次，我们是平等的——我没有资格用经验告诉他这将会是一场怎样的旅行，我和他一样，对于这段漂泊在海上的生活一无所知。所以临出发前，看着他好奇的眼神，我对他说了很多次：『如果妈妈晕船，你要记得给我喂药。』他立马跑到玩具柜前，打开抽屉，拿出他的小药箱，挂上听诊器跑到我怀里，对着我的脑门儿听起来。

我心说："那些不为你们所知的细节和意义，只有当了妈的女人才会懂。"

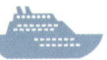

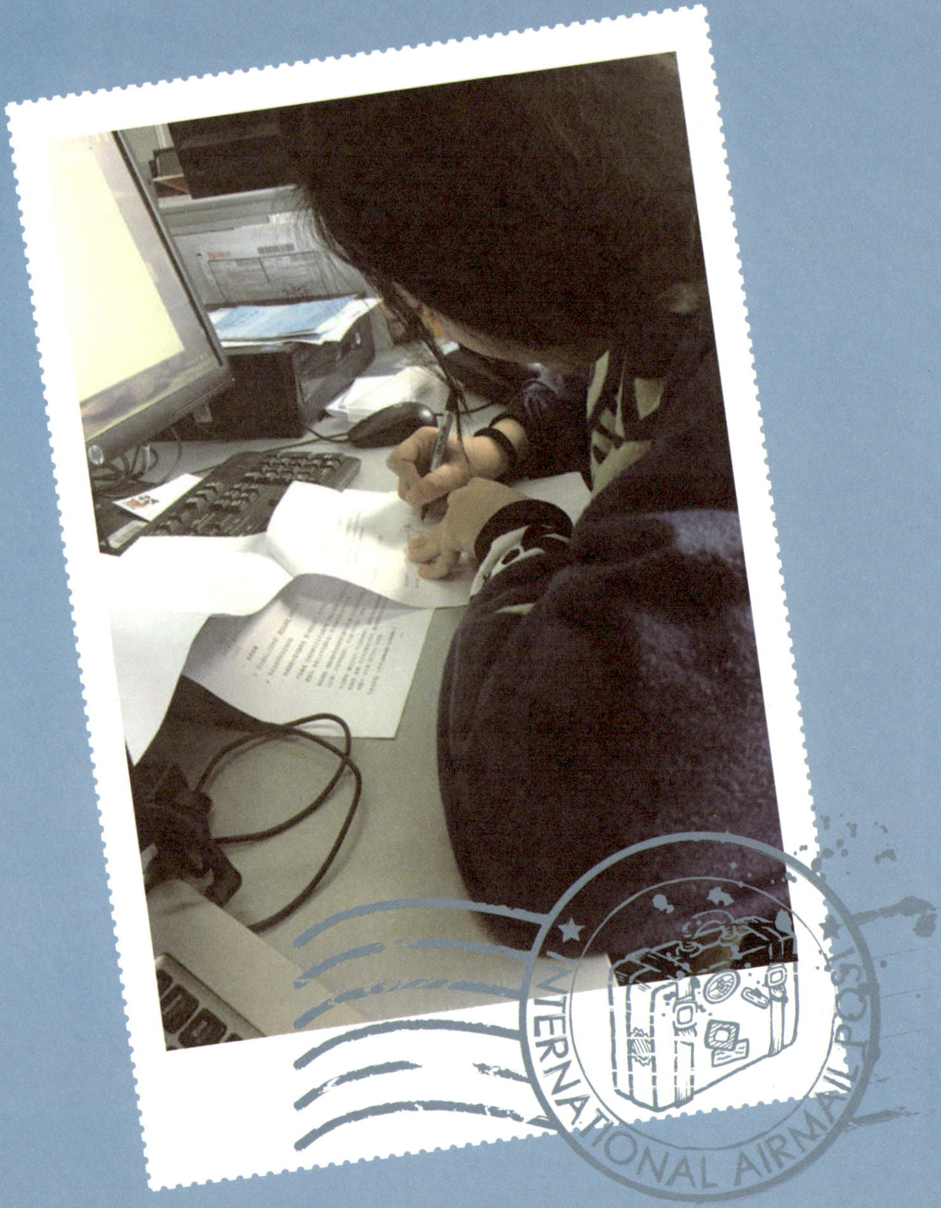
INTERNATIONAL AIRMAIL POST

"亲子游妈妈"的开端纯属意外

和涵同行的游记被我精心地写好,每一个字都是在斟酌后才敲在键盘上的,每一张图都是加了说明和精确的时间,仅仅作为一份纪念发布在旅游网站的博客里。我讲述的只是我和涵的故事,从未想过我们的经历会被一个个妈妈复制、临摹。可当雪片般的留言出现在游记后面时,我猛然意识到,一旦文字被公之于众,你经历的全部都将不再是秘密。

那是我第一次被称为"亲子游达人"。可事实上我和涵同行的次数仅有两次。我们从小就被教育,做人要有理想,做了妈妈的女人要给孩子做表率,妈妈是孩子的第一任老师,对孩子的影响将贯彻一生……既然如此,我决定让自己顺势而下,就让自己冠上"亲子游妈妈"的标签吧!

爸爸缺席的旅行已成定局

一个人过去有什么经历，都是为他的将来在做准备。

初夏时的那次邮轮之旅被我写成游记上传到网站，颇受读者喜爱。那原本是属于我和涵的斑斓回忆，却在无意间成了很多爸爸妈妈出游前的参考资料。

一个寻常的下午，我习惯性地查收工作电子邮件，点进一封以"邀请"为名的邮件，发现内容分为两部分，前为感谢，后为邀请。感谢的是我发布的那篇精华游记，邀请的则是一次环球邮轮的体验之旅。环球的概念是，我和涵有可能横跨三大洲、三大洋、20多个国家和地区，历时近3个月的旅行。

生命中如果存在幸运之星，那么这一次它真的落到了我的头顶上。我仔仔细细地阅读着邮件里的每一个字，未见破绽。而内容里清楚写到的"两大一小"的组合预示着，这场旅行存在的可能性是由涵来决定的，换言之，如果他缺席，环球梦就会瞬间成泡影。

涵爸是第一个知道这件事的人。人这一生，发生的很多桥段和细节是烙在心里的。直至今日，我依然清晰如初地记得带有仪式感地和他讲述这件事时的语气，并配有抑扬顿挫的语调和眉飞色舞的夸张表情，看似我营造出的是一种喜剧氛围，以为也会以喜剧收场。可那时候我还不懂，最好的喜剧都是要经历磨难，才能得到最终的释然欢喜。这个刚过而立之年的男人，脸上僵僵的，眼神中多少写了点不屑。没有热情的对比就显示不出冷漠到底有多大的杀伤力，他如冰一样的表情冷却了我。

他一字一顿语调舒缓地说:"我正值壮年,努力打拼多年的事业留给我无法预测的空间,我不能轻易放弃,尽管你不求大富大贵的日子,但我在尽力给你和涵更好的生活。"对于他的付出,我是局外人,很多真相是局外人永远看不到的。他就这样果断地拒绝了可以和妻儿一起环游世界的机会,我无力改变,因为我知道他已经不再是学生时代就和我谈情说爱的那个傻小子了。

涵爸与我同岁。20 岁那年,我们开始了一段打打闹闹的恋爱。没经历过分手,不是因为完美,只是我们都相信,持之以恒是对抗时间的最好方式之一,谈恋爱也不例外。在一起的时间久了,彼此暴露的问题和缺点多了,可即便如此,也都懒得再进入一段全新的磨合期。

26 岁那年我们结了婚;29 岁那年我们有了涵。

命运没有让我们经历过什么无常,因此他也缺少被迫在瞬间被提拔成一个成熟男人的机会,我们两个人对生活的态度近乎相同,只需保全自由,包括来去自由。没有涵的时候,这种自由令人着迷,我们猜想过涵的到来会让生活发生该有的变化,就是没想过变化的起点会和一场环球旅行有关。

等我老了，旅行不再匆促，心里没了恼人的空、茫，陪在我的身边的人也还会是20岁时的那个男人，我们见证着彼此最美好的年华，也在见证的过程中慢慢接受了对方衰老的样子，这就是完美的人生。

婚姻不是交易，有了孩子的男女在一起相处，依靠的更不是患得患失或者寻求平衡，而是爱。有了涵之后的一年，我突然意识到，我在不断思考自己要做一个什么样妈妈的同时，更应该为"我要做一个什么样的妻子"的问题寻到答案。若干年后，涵也会如我们一样，结婚生子，过他想要的生活，即使我再想留在他的生活里，那有限的空间也容纳不下我的存在。这是个残酷而又真实的问题，现实就是这样骨感，矛盾、纠结、挫败、内疚、失衡都会上场，尽管每个人都渴望有一个完整而丰富的人生故事，可注定了的情节谁也逃不过。

等我老了，旅行不再匆促，心里没了恼人的空、茫，陪在我的身边的人也还会是20岁时的那个男人，我们见证着彼此最美好的年华，也在见证的过程中慢慢接受了对方衰老的样子，这就是完美的人生。

年少的一段感情，需要双方花长久的时间才能鼓足勇气，替对方设身处地，最终变成理解。环球旅行的事情就此作罢，他只有一个理由拒绝我，我也只能接受现实。

总算落定的环球旅行

涵爸的主意被打消后,谁还能成为与我同行的人选?如果打不赢姥姥这张牌,我就自己带着涵上路。对自己抱了期望,才愿意去做这般果决的尝试,破釜沉舟也罢,逆水行舟也罢,知难而上的事情总是要有人做的。不能对自己的期待有所降低,但也没奢望过喝彩声和掌声的意外惊喜,只是不想在日后,对着镜子里的自己说:"如果可以回到过去,我还可以尝试更多的事情。"

一直以来,姥姥都是全家对涵付出最多的人,隔代人的爱是可以忽略掉原则、界线和标准的。在环球旅行这件事上,想说服姥姥接受并参与,要比说服爸爸难度更大。因为她没办法说服自己接受一个不到两岁半的孩子漂洋过海地去旅行,她用"简直是胡闹"作为自己唯一且最简短的陈词。沉默了很久以后,再开口时说出的竟是"你自己去,把涵留在家,我帮你带。"

我知道,这辈子能如此娇惯我的人也只有她了。为了满足我的环球梦,她宁可自己不辞辛苦地帮我照看我的孩子。她每天都对涵说"姥姥爱涵涵",却从没有问过"涵爱不爱姥姥"。如果说我的成长中有缺失,缺少的应该就是她对我说出的这个"爱"字。上世纪五六十年代的人总是吝啬于用言语来表达爱意,对爱人、对父母、对子女都是如此。可我从来没有怀疑过爸妈对我的爱,只是当她和我的孩子直接地说出这个字时,我的心猛然颤了一下。

原本潜藏在心里的怒意一下子被化解,那

一刻我需要清零，把所有的感情因素清零，让自己想尽办法，把涵带在身边，让他陪着我一起踏上环球旅行的航程。明知生活中进与退都是手段，与有没有勇气没有关系，也知道退比进会更容易解决问题，但这是一件让我不能倒退半步的事。"我只管怀孕和分娩，生出来以后你们帮我带"这句话终结于涵降生的那一刻，历尽辛苦让他来到这个世界，怎么舍得把孩子托付给别人？即便这个人是生我养我的妈！

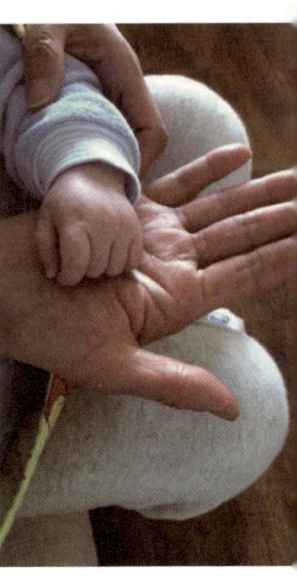

除涵之外，我与家人开始冷战。不被理解的结果是，我的心里有一点失望，因此我需要花时间来平息自己，这不是一件容易的事情。但时间不由人控制，眼看着签订合同的最后时间就要到了，还是没有任何转机。不得已，我放出话——"我自己带涵走！"

用泪如雨下来形容姥姥丝毫不过分。让一个近60岁的中年妇女，在后代面前哭得发抖，这是我会用一辈子谴责自己的罪过。但我没有给她一个拥抱、一句安慰，因为我需要让所有人知道：涵是我的孩子，在他形成独立思维之前，我是第一个可以替他做主的人。我感谢每一个给予他爱的人，但没有人可以取代我。因为在这个世界上，只有我是他的妈妈。

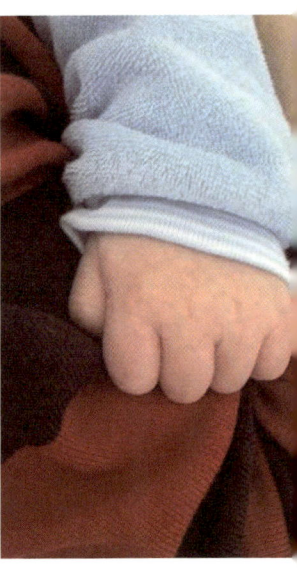

合同在规定时间签下了，受邀请人的一栏里，写进了三个名字，涵、我和姥姥。就这样，环球旅行的事情总算尘埃落定了。

Book 谢谢你陪我走世界 061

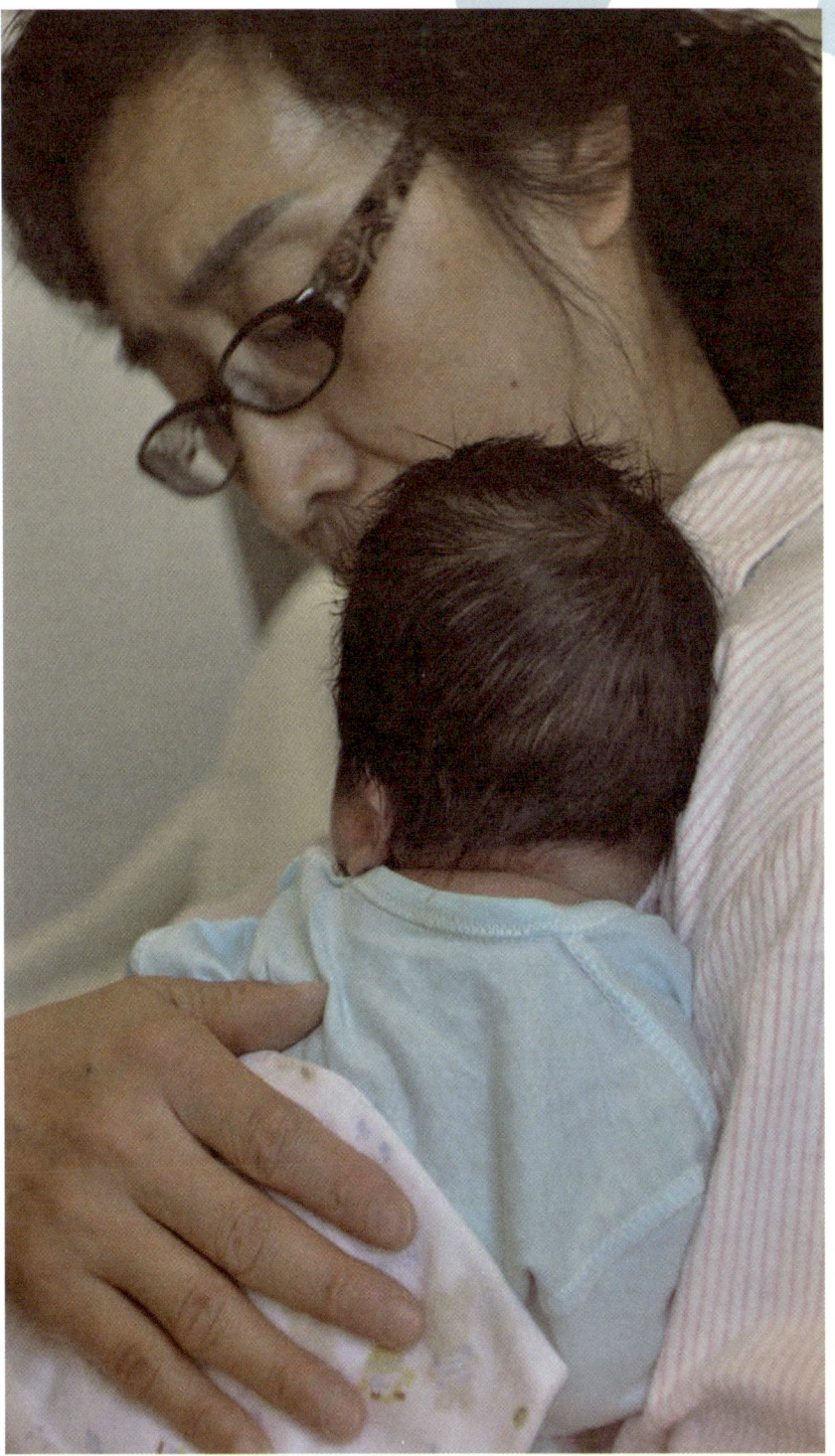

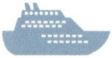

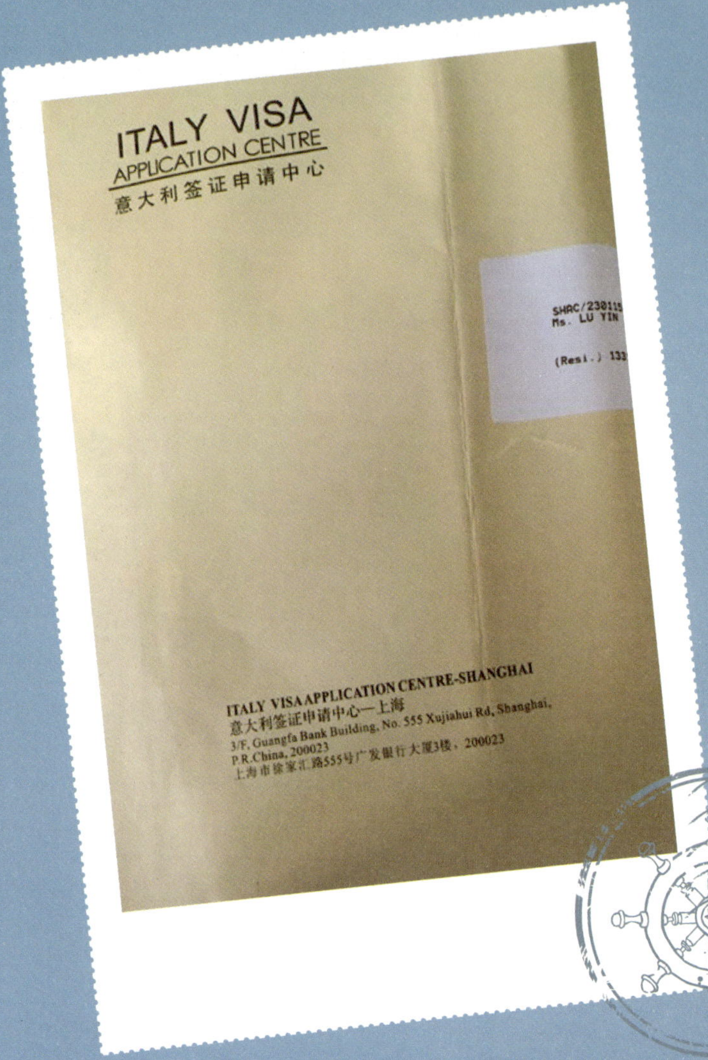
ITALY VISA
APPLICATION CENTRE
意大利签证申请中心
SHAC/230115
Ms. LU YIN
(Resi.) 133
ITALY VISA APPLICATION CENTRE-SHANGHAI
意大利签证申请中心—上海
3/F, Guangfa Bank Building, No. 555 Xujiahui Rd, Shanghai,
P.R.China, 200023
上海市徐家汇路555号广发银行大厦3楼，200023

以终极问题的答案来解决眼下的问题

合同递出时,我尝到了释怀的滋味。就像很多书里写的那样,长吁一口气,顿时神清气爽,满心欢喜。那一刻,我把脸完全暴露在午后的阳光之下,享受着冬日强烈的紫外线在皮肤上的暴烈抚摸。也许我的前世就是一个跋涉苦行的云游僧,不需要被认同和赞赏,只是这一次,两岁半的涵要和我一起去云游。年少单纯的他,还不知道三个月后等待他的会是怎样的生活。其实我也不知道,因为我也没有环游过世界。

这次和第一次邮轮游一样,我俩又打了个平手。

开始为各国签证准备材料的过程中突然意识到一个很严肃的问题:我是个有稳定工作的女人啊,环游世界需要花费的时间成本近3个月,那我的工作怎么办?

最短平快的解决方法就是辞职!

没有涵的那些年经历过一次裸辞,虽然也在家里住,但感觉是在自己过日子,自己对自己负责,独立地体会"哭有时、笑有时"的琐碎,哪怕那只是电影里的片段;有爱情在却不依赖,也不依靠爸妈,断了经济来源,就开始四处面试,然后拼了命地赚钱,似乎是在为下一次"自己过日子"做准备。一直坚定地认为,女人没有与自己独处的经验,很难懂得该如何与别人好好相处。可有了涵

以后，在陪伴他一起长大的过程中，我强烈地感受到自己变得越来越渺小，这种渺小抵不过命运的一次心血来潮。

大学毕业后，我进入了媒体行业，前前后后换过几家公司，但经历过数年的打磨，也就有了被称为"老本行"的资本。我创下过一个月写5万字采访稿的个人纪录，那时候真的是年轻，连续写4天，每天熬到凌晨4点，一天只睡4个小时。现在看，这是在作死。可那时候，睡上一整天就好像什么都没发生过一样；作为一个杂志编辑，我策划过让自己引以为豪的深刻选题，采访过上百位行业精英，电话本里存着当红明星艺人的联系电话。每个月，我的名字会出现在主流时尚杂志的版权页上，以编辑为名、以作者为名，也以策划为名。

这的确是一份光鲜的工作，即便我也时常抱怨行业的兴衰起伏，或者时尚圈的各种奇葩怪事，但却找不到一个可以让我彻底脱离这个行业的理由。这与生存压力有关，更与我需要的存在感有关。尽管一直在努力平衡着涵与工作的关系，一切都称得上得心应手，但这一次，被注定了的关系却如同鱼和熊掌。

找了个合适的时机，去和老板提辞职。我把来龙去脉讲得清清楚楚，最后表明了立场：在孩子和事业之间，我只能选择前者。即便有再多的女性在职场上书写出了强者的励志故事，但我都难以被激励。

在事业上我愿赌服输了，我知道那是赌徒才拥有的单纯内心，但此刻我和他们一样，做出的决定不需要猜测和惋惜，更不会自我怀疑。

可那天，生命向我展露了新一轮的花招，展示出了它深不可测的力量——我竟然被老板以"停薪留职"的待遇挽留下来。她是一个对自己有严苛要求的女强人，她说老公可以满足她的物质需求，她本可以做一个享受生活的傻白甜类型的太太，可她想要的东西却不单单是物质的，更多的只能靠自己去获得。所以，她每天拼命工作，每天都以最好的妆容示人，每年都要完成既定的目标……就是这样一个与我性格迥异的女人在我讲过冗长的故事后，只问了我一个问题："如果没有这次环球旅行的机会，你会继续工作还是做个全职妈妈？"我选了前者。于是，她以最后一句话作为那次我们谈话的结束语："我们要以终极问题的答案

来解决眼下的问题,这样你就变得不那么匆忙了。"

终极问题的答案是什么?是我要继续工作。

眼下的问题是什么?是我带着涵去环球旅行。

简单的言语却有着深刻的感动。后来,踏上了那艘环球邮轮,面对每一片不同颜色的海水时,有两个问题一直盘在我的心里:我要做一个什么样的妈和妻子?我要以怎样的心态面对我的工作?对于一个30岁出头的女人,这两个人问题将一直贯穿着我们的生命。我打开了理想的手牌,然后一直向前,要让理想穿过现实的那道城门。

「把你和儿子好好地给我带回来」

听人说,有些回忆要竭力记得,有些回忆要快速遗忘。我们最后所得的全部都会还给时间。对于临近邮轮起航的那段日子,是我需要竭力记住的。因为那是我对涵爸一生的亏欠。

开始准备签证材料的时候,美国大使馆正式向中国公民发放了最多十年多次往返的签证政策,可除了美签之外,更烦琐的签证是欧洲的申根签。负责与我对接的旅行社工作人员接二连三地在电话里询问:"孩子爸真的不能一起去吗?如果你是自己带涵,申根签会有些麻烦。"这应该算是一剂预防针,让我心里有了底。

看着通知单上写满的材料证明明细,我突然意识到一个问题——假如涵爸单方否定我们的环球旅行,我根本没办法把孩子带上邮轮!他需要陪我一起到公证处开具他与涵的亲属关系证明、委托协议证明,然后拿到认证处进行认证,最后再提供给使馆他完备的个人资料和工作证明。

曾经放话说过的"没有人能阻止我和涵的旅行"这句话看来真的言过其实了。是我太高估了妈妈这个角色而低估了爸爸的价值。或许是因为独立的精神系统,所以决定一些事情的时候,很少考虑到身边人的感受。这是很多女人的致命伤,包括我在内。

涵爸玩笑式地说:"没有我的配合和支持,带儿子环游世界就是妄想。"

涵爸拒绝帮我一起收拾行李，我一个人面对着4个超大号的行李箱：200片纸尿裤占去了一个箱子；3大桶奶粉，150块果丹皮和4斤装的蔓越莓以及60根鳕鱼肠又填满一个箱子；温奶器、驱蚊器、药品、日用品、折叠小澡盆、涵最喜欢的玩具车、拼图、磁力贴、绘本被装进一个最大号的箱子；最后仅剩的一个箱子塞进了我们一路上所需要的全部衣服。

我没有反驳，因为有时候玩笑是会提醒我们很多事的，他说得对，没给我留下半点儿驳斥的缝隙。我是该学着如何为人妻，尽管时间在妻子的这个代词上已经打上了数年的烙印，但直到那一刻我方才些许明白，懂得爱的女人有足够的自信来暴露自己柔软的那一面。和这个男人在一起12年来，这是我第一次在他面前表现出了柔软。

几经周折，最终签证还是迟到了，出发时间从原定的3月1号不得不推迟到4号。有了时间的结点在不远处等待，我们就会有被时间催促的感觉。涵爸说，"推迟走好，这样能多留住你们几天。"这是一句温柔得有强烈杀伤力的话。我突然感到人生中有一些眼睁睁让人进退两难的事。那一刻，我真的想撕掉护照上的那几页签证，然后和他、和涵一起过着不冒险、不刺激的简单生活。

他的那句意味深长的不舍成了我记忆里可亲的依附。距离出发仅有三天了，一直不肯开口说话的涵终于在他两岁五个月那天背起了歌谣。临睡前他搂着爸爸的脖子，清清楚楚地说了句："涵爱爸爸"。我躲在门外，却依然看见涵的小手在他的脸上来回擦拭的动作，我好想过去接住这个男人的眼泪。在他们彼此的生命中，即将分别三个月是件太过残酷的事情。我拿出电脑，仔仔细细地斟酌了整个行程，最终做出了一个减轻内心负罪感的决定——提前结束旅行，放弃洛杉矶之后的太平洋航线，将分别的时间缩短到两个月。没有人让我妥协，我只是用生命中最本能的方式探索到了我该给予孩子和爸爸的爱。此刻，行动胜于一切思索。这不是或许，是一定的。

涵爸拒绝帮我一起收拾行李，我一个人面对着4个超大号的行李箱 200片纸尿裤占去了一个箱子；3大桶奶粉，150块果丹皮和4斤装的蔓越莓以及60根鳕鱼肠又填满一个箱子；温奶器、驱蚊器、药品、日用品、折叠小澡盆、涵最喜欢的玩具车、拼图、磁力贴、绘本被装进一个最大号的箱子；最后仅剩的一个箱子塞进了我们一路上所需要的全部衣服。

这次真的是搬走了半个家，但我仍不肯放过箱子的每一处缝隙，把各种小物件往里塞。似乎新生活即将展开它的面目，而且还不知道是福还是祸。

3月4号如期而至，我们的空间纬度马上就要转移到另一个空间，我要带着57岁的妈和2岁5个月的涵飞到香港去追船，冬天残留下的尾巴，穿上薄外套会有浓浓的寒。这样的温度与我们心里的温度都是一样的。以前听说，一个人最善于调整情绪的时期是在婴儿期，前一秒在恸哭，后一秒已经嗤笑了。倒是年龄越大，性子越窄。出现在机场即将分别的五个人，涵爸、姥姥、姥爷、我已然早不处在婴儿期，就连涵都已经开始用语言表情达意了，我们做不到潇洒的挥别，只能尽早结束即将流泪的场面。

没错，我们是去环游世界的，这是多少人一辈子的梦想，它即将被我和一个不到两岁半的小男孩实现。可是站在出发的起点，想迈出出发的那一步，其实真的不那么容易。

12年来，我第一次主动上前抱了他，这是我们第一次的分别，他在我耳边低语："把你和儿子好好地给我带回来，赶紧走，别回头。"

我确定，我是哭花了妆安检入关的。环球旅行就这么开始了。

Book 谢谢你陪我走世界　071_

PART 3 这个世界有很多我俩一起走过的路

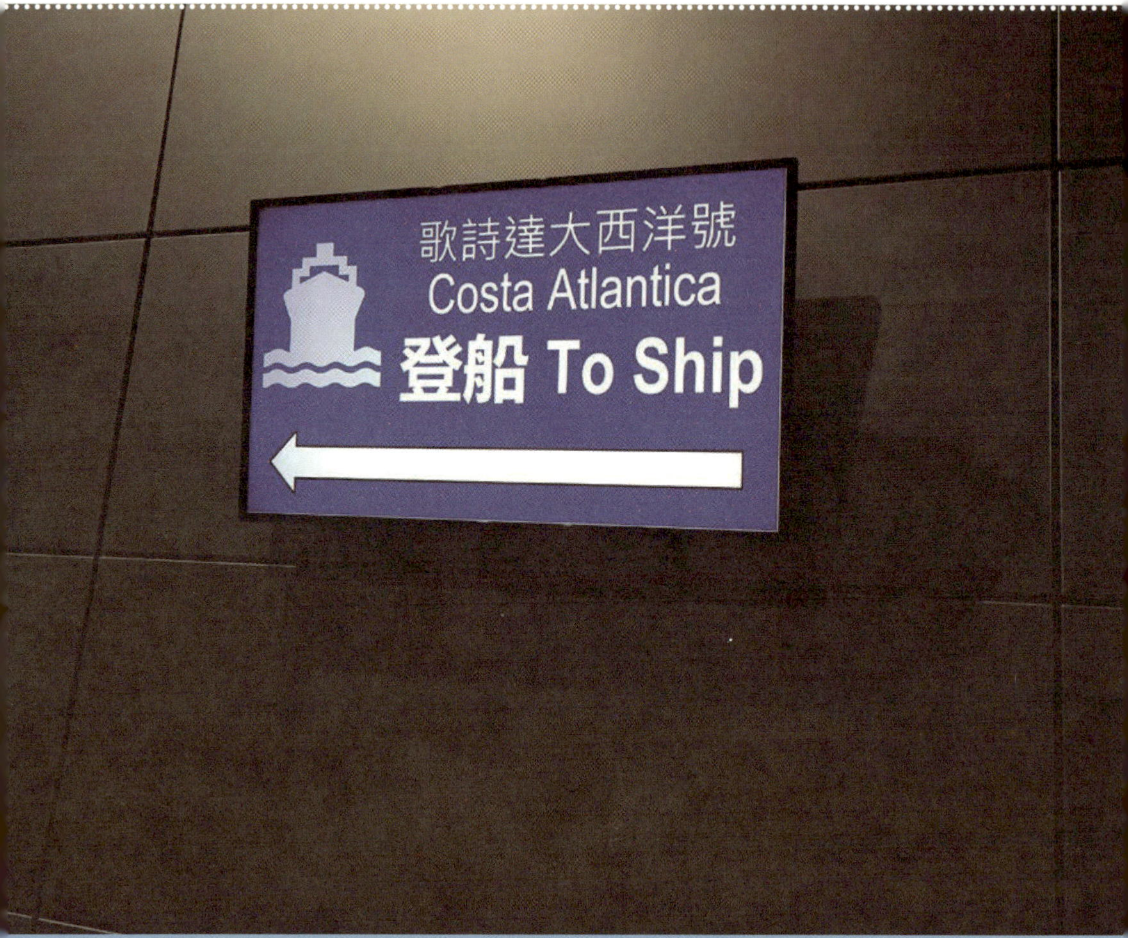
歌詩達大西洋號
Costa Atlantica
登船 To Ship

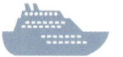

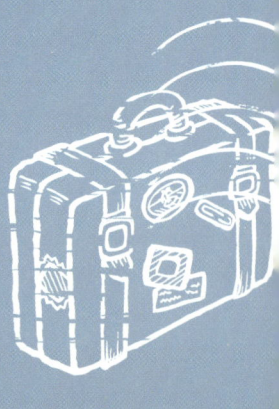

香港·险些峰回路转

现在回头想,如果在香港那一晚我的坚持少一点点,我们的环球旅行就不存在了。

拖着半个家的行李在香港追上了船,涵对于船上的环境一点也不陌生,我想好了很多方法帮他回忆9个月前的邮轮记忆,但他用行动告诉我:这个我记得,那个我认识,还有这些我们都见过面。

关于数字,我确定一件事——涵记住的第一个四位数字是8262。

这是我们住在邮轮上那个家的门牌号。从3月4号上船那天起,一张印着涵名字的房卡就一直被他带在身上,直到下船后的一个多月,他居然在梦里还在念着这四个数字。

追船的一天对涵来说实在是辛苦,进了房间我也实在没有体力收拾那四大箱的行李,耗到晚饭时间,带着他去餐厅想吃一顿有饭有菜有汤的正餐犒劳自己。就在此时,晚上7点,没有听到号角声,船悄悄地起航了。

饭吃到一半,桌上两个并排挨着的杯子突然发出轻微的碰撞声,那虽然是特别微弱的声音,但却让我一下紧张起来。直到我把涵从儿童餐椅上抱下来时,他迈出脚走了两步,然后"扑通"摔了个屁蹲儿。姥姥下意识地扶他,我站在一旁鼓励他:"涵,自己起来,好棒!"然后他继续走,又是两步,继续摔……当这个连贯性动作重复到第五次的时候,我终于想明白了——原来我们遇到了风浪。

我做好过穿越大西洋时乘风破浪的准备,但怎么也没想过,竟然会在南海上就开始担惊受怕。涵走在最前面,拒绝任何人扶他,我数不清他究竟摔了多

简单的言语却有着深刻的感动。后来,踏上了那艘环球邮轮,面对每一片不同颜色的海水时,有两个问题一直盘在我的心里：我要做一个什么样的妈和妻子?我要以怎样的心态面对我的工作?对于一个30岁出头的女人,这两个人问题将一直贯穿着我们的生命。我打开了理想的手牌,然后一直向前,要让理想穿过现实的那道城门。

少个屁蹲儿,但他发出的"咯咯咯"的笑声让我真的好羡慕——小朋友的世界是有多简单?!

  看来我是患有"晕动病"的重疾者。晕动病是对晕车、晕船、晕机的总称。医学上说这是和人体内耳前庭平衡感受器有关,那些名词太专业,我搞不懂,只知道抱着马桶吐得一塌糊涂,这是场人间悲剧。涵在门外使劲地敲,特别用力地叫妈妈,好像下一秒他就会失去我。我半跪在马桶边,狼狈地收拾着那片狼藉,眼泪忍不住地往下流。打开淋浴的花洒,水柱冲到地面的声音足以掩盖我抽泣的哭声,那一刻我好想抱着涵回到陆地上,回到家里。我不知道自己是抽了什么疯,放着安稳踏实的生活不过,偏要带着他环游世界。

  出发前中那首《后会无期》的毒,每天听,循环听。歌词的第一句是"当一艘船沉入海底",临近出发前,强迫自己从手机的歌单里删掉了。对一个即将携幼托老踏上两个月环球旅行的人来说,我的神经绷得紧紧的,哪怕有一点闪失我都只能以打道回府收尾。开船前,好想把一条早已经编辑好的微信发给涵爸,那字字句句写得就像临终遗言,又担心有意制造紧张的气氛,所以一直忍着没发。

第一次在天旋地转的眩晕中洗完澡，走出浴室时，只见姥姥正在和涵收拾着行李，涵是个很好的帮手，他负责给他的玩具找家，分门别类地放入他够得到的抽屉里，从那之后他每次玩儿完都会再把它们送回家。两个忙忙碌碌的人摇摇晃晃地挪动着身体，姥姥不时地叮嘱一句："涵慢一点儿啊，不急，慢慢走。"放在桌子上的轻物偶尔会随着摇摆的船掉在地上。涵激动地爬过去捡起来，然后凑到我旁边显摆，以此索要我的表扬。那是一双单纯得可以照亮黑暗的眼睛，满眼写着对明天的期盼，满眼都是闪亮的期待，就算我在浴室里笃定了放弃的想法，但看着这个略有匆忙的小男孩，我的脆弱就全都被他搞丢了。那一刻我突然觉得，我的一举一动都是对他的承诺，都会被他看在眼里，记在心里。

普吉岛 · 他听到了大象的哭声

泰国的冰箱贴基本有两个元素,突突车、大象。不管是在曼谷、普吉还是清迈,这两件东西都是当地的看家宝。

临到普吉的前一天,我和涵说:"明天带你去骑大象。"对此涵没有概念,也就没有表现出我预期的兴奋。我们只有一天的时间停留在这里,为了让它仓促得不明显,我放弃了所有自认为不适合涵的行程,唯一能算得上娱乐项目的就是骑大象。

在芭东的海滩边,当地人努力招揽生意,租了一辆车直接把我们带到一片深山老林中,排队等着踩上象背威风一把。涵抱着我战战兢兢地嘟囔着"涵怕"、"涵走"这些气馁的话,我努力分散他的注意力,让他看远处大象便便的壮观场面,给他指大象用鼻子卷起柳树条的本领。常会这样对待涵的恐惧和坏情绪,绝非不重视,只是解释得越多越是强调的过程,他的情绪就越会陷入其中,而且到最后帮他解套的人还是他自己。这个规律和成年人的世界是一样的。

轮到我们了。在骑象人的帮助下,我搂着涵坐在了象背上。那真是踉踉跄跄的步伐啊,大象的体量注定了他的笨拙。很多人喜欢大象的忠厚,可我却总能在它的眼神中看到一丝哀怨。其实,我难以从骑象这项娱乐项目中体会到真正的娱乐感,只是觉得臀部始终放松不下来,搞不好第二天都会腿酸,明知这不存在什么危险,可每当它的脚陷入泥泞中,象背上的人就会绷着劲摇摆。

转头问涵:"骑大象有意思吗?"

"妈妈,下去吧,涵不想坐。"然后他开始撒娇使性子,又是扭身体又踢腿的,可见转移注意力的方法已经失效了。驯象师是当地人,黝黑的皮肤和清澈的眼睛,泄露了他质朴的一面。他似乎只听得懂泰语,对于涵的反常,他以为是大象路走得不稳,握紧手里的铁钩,朝着大象的头部挥过去。涵"嗷"的叫了一声,然后开始往我怀里扎着哭。

我们的骑大象经历就是这样的,不情愿的开始,无趣的结束。把他从象背上抱下来后,我绷着脸问涵"犯机器"(闹脾气)的原因,没有寄希望于他真的能说出来什么,毕竟,半个月前他还惜字如金。"妈妈,大象哭了,它是和它妈妈说的时候哭的,涵听到了,后来涵就哭了。"

我怎么能相信他的话?我该怎么告诉他大象与大象之间的交流是人类听不到的次声波,可他一副认真的表情坚定地告诉我:"涵听到大象哭。"然后在那片树林里,他小心地迈着小步低头去捡又长又尖的树杈。每捡一根就放到我脚跟前,那是烈日当头的正午时分,他身上的那件绿色T恤更映衬出了他脸上灼热的红。树杈堆满一地,猜不出他要做什么,就在这时候,他伸出一只脚,用力地攮向那堆树杈,嘴里清楚地说着:"树杈坏,坏东西!"那是充满正义感的声调。有时候小朋友认真表达他们的正义情绪时,总会被

我们的骑大象经历就是这样的,不情愿的开始,无趣的结束。把他从象背上被抱下来后,我绷着脸问涵『犯机器』(闹脾气)的原因,没有寄希望于他真的能说出来什么,毕竟,半个多月前他还惜字如金。『妈妈,大象哭了,涵听到了。』后来涵就哭了。

成年人嘲笑。那天,我也犯了这个错。

涵气冲冲地对我说:"妈妈坏,不要妈妈!"冷战了几分钟,可他毕竟是个孩子,虽有性子却比我们大人活得大度。他主动说:"妈妈,涵不喜欢树杈,树杈打大象,象哭,涵真听到了。"

小孩子真是一半天真,一半老辣啊!他对树杈的痛恨是混淆了剌向大象头部的那根铁钩。他一再和我说听到了大象的哭声,说到我真的相信了。是小朋友的耳朵和眼睛都太纯净了,他们可以倾听大自然中动物的哭声,可动物却懒得和我们世俗了的成年人说一句话。我在想,为什么会带着他坐在象背上,让他目睹铁钩所挥出的攻击性。大象的境遇每天被重复,它们的心痛早已盖过了肉身之苦,却连悲伤的声音都得不到自由的呐喊。

我忍不住去抱他,试图把这个13公斤的小伙子抱出那片树林。不知道能用怎样的方式让涵的记忆过滤掉在这里发生的事,看到的"残忍"场面。我和他说着无关紧要的话,心里却一揪一揪的。距离停车场还有三分之一的路,他用小拳头轻轻地捶着我的大臂,"涵自己走,妈累,涵疼妈。"我问自己,生活真的会模仿电影里的情节吗?如此暖心的话,只有在电影里才会听到啊。可是涵却让电影模仿了生活,他暖着我的心,让我感受到的是只有妈妈这个角色才会得到的幸福。

站在树林的出口,我们的车就在跟前,涵回头张望,然后迎着刺眼又热烈的阳光抬头对我说:"妈妈,涵也疼大象。它疼涵吗?"沉默地把他抱上车,我知道伤害已经埋在他心底了,再多的解释都是乏力的,这该是对他普吉岛的唯一一份惦念吧,从此他的心里有了悲伤这杯酒,如果这杯酒可以为他垫底,或许他日后可以活得有一点善良的风度。

回到了芭东的沙滩上,我俩安静地眺望远方,远处有一座山,山上还有几座房子。就因为远处的山和屋子,这片海显得并不孤独。他的眼神里有了一丝深邃,他的语言还是匮乏的,讲不出深邃的理由。但是即便是我们这些说了好几十年话的人,在面对大海和心里的惦念时,语言也变成了迟钝的东西。

涵说,他最爱普吉,那我能不能理解成他想念着那些被他听到了哭声的大象们。我也爱普吉,因为涵把他最善美的那一面留在了那里。只愿这善美能多陪他一些日,一些年。

Book 谢谢你陪我走世界 083

塞拉莱·沙漠、绿洲、小王子

这是一张定格在塞拉莱公路旁的画面,沿途一片荒芜,路边两个追赶骆驼的小男孩儿在这片荒芜中格外显眼。司机放慢了轮胎的速度,我才发现,骆驼都是单驼峰的。

这里是地处西亚的石油之国阿曼,一个中国人很少将旅游目的地锁定于此的地方。我们身处的城市叫塞拉莱,一个安静的小城。和这里咫尺之遥的有阿富汗、叙利亚、黎巴嫩,身边没有人去过那些地方,但凡来西亚旅行的人大多只会选择以色列,因此我和涵的阿曼行绝对算得上是小众。

在港口和当地司机讲好价钱,最终以 150 美金全天的价钱成交,大概 8 小时的行程安排。搭乘着一辆出租车,我们开始了在塞拉莱一天的旅程。

放眼望去,沿途的风景被黄沙覆盖着。怀涵之前,我见识过沙漠,在不着边际的漫天黄沙中,恐惧被挖了出来。脚踩住沙子,稍有风吹来,便会有流逝感袭来,事实上沙粒真的从你的脚下流过了,你越用力踩它,它跑得越快。

从小读着《小王子》的书长大,那是一本不知道读了多少遍的书,但每次还是会被他形单影只地回到了自己的星球这件残酷的事情弄得黯然神伤。我相信他在撒哈拉沙漠出现过,于是在心里许愿此生要去撒哈拉寻找小王子留下的脚印。梦想还没有实现,而今我距离撒哈拉是那么近,可涵在身边,我没勇气带他抵达梦里的地方。

涵本是在他的绘本上见过沙漠,可身处此地时,他是满眼的错愕。不停地说:"妈妈,这儿的沙滩怎么这么多?"在被纠正为沙漠之后,我见到了内心深处因沙漠而生的恐惧,孤独感被沙漠衬托得越发明显,唯一能让我感到欣慰的仅仅是,在我无法用沙坑、沙滩来给不足三岁的涵解释什么是沙漠时,他在阿曼终于直观地看到了。

行驶了大概20分钟,我们抵达了塔基渔村。对于塞拉莱全部的惊喜都在这里发生。悬崖峭壁的岩石与天然白沙滩近在咫尺,慕格萨拉是海滩的名字,涵坐在岩石上,与他身后的海合影。他说要去停靠上岸的船上玩儿。我们连滚带爬地走下那陡峭的山坡。

在细软的沙滩上,留下了这个小孩儿无邪的笑声以及坚定的脚印,他奋勇爬进船里,像个有模样的船夫一样划着桨说:"妈妈,来,上船,跟涵走!"

说不清大海在他心里的样子,我们已经在海上生活了快20天,但他依然见到海就兴奋得手舞足蹈。

后来的故事,发生在一座城堡里。涵走进来的是座有着久远历史的城堡。这里的每一扇门、每一扇窗、每一件东西都暗藏玄机。他钻进一间墙上贴有

涵在城堡里自娱自乐

布旗的小屋不肯出来。他说喜欢那些放在地上的靠垫,说要去宜家买。我解释不来,任由他怎么说吧。

当我穿上红袈裟披上黑头巾包裹严实后,有如穆斯林新娘坐在床边等待迎娶时,涵不知从哪儿拿来一把布旗给我扇起风来。刚要制止他,被这里的主人阻止。原来那把布旗就是一把布扇。有时候小朋友的意识精准得我们大人比不了。

也是在那座城堡里,我人生中第一次摸到了真枪。搞不懂型号,但在向城堡主人确定清楚没有子弹后,接过枪的手还是轻微的颤抖。后来,去到了塞拉莱枪支武器集市。看到了各种枪摆在地上。涵把这些真家伙和他的玩具枪混淆了,每把都去摸一下。他每一个蹲下的姿势都被我制止,我特别怕子弹会藏在它们其中的一支里面。旅行的过程存在着一种矛盾:好奇心的满足和因危险而产生的恐惧。我算不上一个喜欢冒险的行者,习惯了去往一个陌生地前做好完备的攻略,住舒服又干净的酒店,去当地有名的餐厅品尝当地特色。其实在抵达塞拉莱之前,我用船上发射的昂贵的卫星网络信号在各大旅游网站都查过了这里的旅行路线,但它小众到了完全被忽略。网上难以找到关于这座城市景点的介绍。

随行司机看出了我的紧张,他穿着一身有着明显特点的当地服饰,放慢了语速严肃地告诉我:"我们是有信仰的,我们知道该把枪用在什么地方,你不用怕。"难以辨别所处地方的安全性,但至少好奇心得到了最大的满足,此时最安全的做法就是用离开这种方式让自己

得到心安。涵走得不情愿，他闹着要买把真枪走，喊着说："和爸爸对打！"他才两岁半，没有人告诉过他枪击战是要双方对打的，但好多事情不需要教，就具备性别意识的区别。比如小女孩大多喜欢做娃娃的妈妈，小男孩则喜欢挥刀动枪摆弄小汽车。

在塞拉莱,他要的东西我带不走。只是答应他,日后会找一个地方带他去体验一次射击的快感。那段时间我许下的承诺成了他每天必会说到的郑重话题。

回程的路上,依然是黄色当道,塞拉莱除了沿海岸线的一边是蓝色的,其他都是黄色的。和司机商量,要从这里给涵寄出一张明信片,什么都不写,就在上面点上无数个沙粒般的小点点。黄色应该不是助眠的颜色,那天涵一直被那单调的黄吸引着,安安静静地凝视着窗外掠过的黄沙,这是他记录一座城市的方式,安静便是最好的说明。旅行前一向对绿色情有独钟的涵在看到车窗外这点缀着沙漠的两棵挺拔的小树在风中摇曳时,忍不住叫着:树,树。随后,成片的绿洲就在我的右手边。他惊呼着,我也跟着欢叫。你说旅行的乐趣在什么地方?我说不出具体的理由,但就是未知的、超出想象的景色闯进你眼睛的时候,那便是至美的风景。

从此,阿曼塞拉莱寻得到涵游历的脚步,涵说有沙漠的地方也会有绿洲。我把在露天市场买的阿曼当地手工制作的单驼峰骆驼摆件送给他,他攥住骆驼腿,低声说:"你是找不到妈妈了吗?跟着我走,我带你去。"如果这是一种寻找，我好想看着他在茫茫沙漠中，能早日找到他的沙漠明珠，郁郁葱葱地开始他的生活。

半年后，给他讲起了《小王子》的故事，他说小王子好笨，为什么要和蛇做朋友？我答，妈妈爱小王子的善良和单纯。他说，涵要和小王子做朋友，然后去他家做做客。

第三章　这个世界有很多我俩一起走过的路　　　092

马尔马里斯·留在『伤城』的爱

我一定要带着涵再去一次马尔马里斯,回到那个港口,找到那个不足十平方的小乐园。因为这是唯一可以弥补我对于涵的愧疚感的方式。 在土耳其的游历经历注定会被我珍藏在记忆档案簿里,一来那是涵第一次进入欧洲;二来2015年3月27号,涵整整两岁半;第三,那天他经历了人生中第一次在马桶上拉臭的"壮举",这标志着吃喝拉撒睡都能自主控制的小屁孩儿不再有出游的障碍;第四,在马尔马里斯,我把自责、悔恨、反思的眼泪统统留给了那片爱琴海。

现在就来说说我的自责、我的悔恨、我的反思。

马尔马里斯小得精致,我推着婴儿车带涵溜遍了全城。回船的路上,在

欧洲湿冷的空气中，把涵捂得严严实实的，他睡着了。沿途一片好风景，虽然这里没有伊斯坦布尔闻名于世的圣索菲亚教堂，也没有卡帕多西亚迎着朝霞腾空而起的热气球，但这里有土耳其独有的安静和惬意。港口上停靠着数百只私家游艇连成一片，甚是壮观，还有熙熙攘攘的商业区和餐饮区。对于涵在睡梦中的错过我略感遗憾。再往前走，一个不足十平米的儿童乐园区出现了。环球旅行漂泊了20多天，第一次见到此景，我在心里猜要是他醒着，会投入多大的热情？姥姥懂涵，和我商量叫醒他，让他在乐园里玩儿上一小会儿。我看了下表，马上就到了回船规定的时间。决定放弃。

　　正在这时候，涵就像听到了小乐园对他的召唤一样，突然睁开睡眼，试图从平躺的婴儿车里坐起来。他手指着滑梯秋千的方向，扯着嗓子喊："妈妈妈妈、妈妈妈妈，那儿有个滑梯，涵要玩儿。"我继续推他走，他急得从车里站起来，又被我按下去，然后又要尝试跳车……我俩像在进行一场身体对弈一样，他出招，我接招。眼看着小乐园消失在视线里，只剩下我和他解释的声音，他失控的情绪让我惊呆——坐在车里拳打脚踢，弥散在空气中的哭声留下了清晰的回声。我从未见过这般躁动的他，两年半来，这是第一次。我嘴上愤愤地说："不会好好说话，就没有任何商量的余地！""小小的孩子，

哪儿来的这么大脾气？""哭！哭够了再说话"……我们俩从身体对弈演变成了言语对抗，他的语言很单一，只有一个不间断的"啊"字哭腔。两年半来，他一直都是个安静的小朋友，是同龄小伙伴中的小楷模，可他的安静却在马尔马里斯变成了一枚炸弹。或许每个人的体内真的都有这样一颗安静的炸弹，那是我们各自的秘密，并且不分年龄。只是，他炸开的瞬间让我颜面扫地，我变成了一个对失控的孩子手足无措的妈。曾一度，我觉得这种妈是无能的，而今，这种无能的无奈也发生在我身上，我被挫败感命中。

做好了回到房间向他"施暴"的准备，姥姥抱着涵一直劝。打开房间门的时候，他的哭声依然没有停下来的迹象，我从姥姥怀里夺过他，把他按在

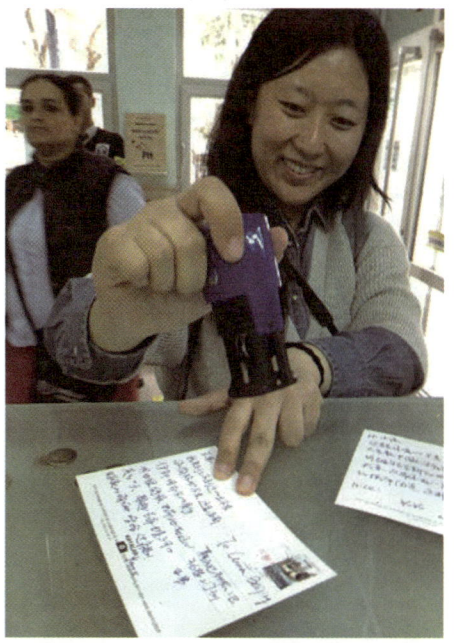

床边手掌重重地打在他的屁屁上。姥姥上前拉开，涵扑向姥姥，下意识地停止抽泣，但抽泣是世界上最难被控制的情绪，更何况他还是个只有两岁半的孩子。

这是我送给他的两岁半的"礼物"，怎么也没想到，礼物竟会是如此深刻。

他转过身，对着我站，目光里有严重的恐惧，"妈妈，涵不哭了，不打涵了。"我不语。"妈妈，涵不对，不该犯机器（闹脾气）。"我不语。"可、可是，涵都出来这么多时间了，就是想玩儿一次滑梯，可不可以？怎么就不可以？"我依然无语，可眼泪已经忍不住外溢，伸手去抱他，他本能地推开我，又靠近我。我已经无法再把自己放置在一个幸福妈妈的角色中。此刻，我眼中的这个小孩儿已经变成了一个遗世独立的个体，他伸出手推开我的那一刹那预示着他不再归属于我，更不需要我。我这个口口声声说着爱他宠他的妈，在那个瞬间错愕了。有一种血管和皮肤都要炸裂开的疼痛感，对涵的爱只能沉默，已经不敢再用语言来表达。这就是我给予他的环球旅行！从怀上他的那时候起就信誓旦旦地说："我的颜面不能靠孩子支撑。"我努力让自己变成一个全能型妈，在他的童年里留下彩虹的色彩，可却不知道，原来小朋友追求的不过是格外饱满的俗世生活，有滑梯，有秋千，有摇摇车；有家里的面条、饺子和米粥。矫饰和虚浮是成年人拼命追求的，它们不属于孩子的童真世界。环游世界！他知道什么是世界？他的世界不过就是被我甩掉的那些不值得一提的"破东西"，可唯有"破东西"才能换取他的欢乐。真正祈求一场环球旅行的那个人是我，是我太想停下来看看这个世界的样子了，是我自私地不肯与这个小生命分开，又要在外人眼里扮演一个慈母的形象，硬生生地把他带在身边，让他跟着我一起漂泊，随时面对风浪和有可能发生的危险。我要的是别人对我这个"妈妈"角色的肯定，而不是涵真正得到的快乐。

那一刻我固执地将这次环球旅行全盘否定，明知这样做是偏激的，也清楚旅行对涵一

定是有积极意义的。但时间流过的那个时刻，我再也没有力气去寻找带涵旅行的意义。住在马尔马里斯港口的那个小乐园，原本可以让涵用短暂的时间回到他的世界里，重温属于他的那份幸福，可世界上最爱他的人却无情地剥夺了他心里最深的渴望。来到阳台上，天色已晚，身体在冷空气中瑟瑟发抖。晚上6点，船驶出港口。我的傍晚已经是北京的午夜，北京即将迎来新的一天，我拨通了涵爸的电话，没有逻辑地把心里对自己的恨统统说给他。他安慰我："行了，别和一个孩子生气，他也不会生你的气。赶快带他吃饭去吧！我想你们了……"手机听筒离开我的耳朵，手指触碰了挂机键。电话那端没了声响，爱琴海的海水安静地流淌着，我擦干脸上的眼泪，走回房间，抱起涵，对他说："妈妈答应你，不管在哪个地方，只要看到小乐园和摇摇车，妈妈都陪你玩儿！"涵睁大他那哭成桃的眼睛，抬高声调地问："真的？" 我点头。他抱住我，用柔软的声音在我耳边说："涵爱妈妈！" 做个守信用的家长是每一个父母都该有的最低标准，此后的每一个目的地，但凡见到了涵喜欢的游乐项目，我都会停下来。欧洲的摇摇车好贵，差不多1分钟就要1欧元。但很多事不能用金钱来衡量，因为单纯而执着的给予是我能给涵的最有感染力的爱。感谢马尔马里斯港口的那个小游乐场。遇见它，让我终于说出了潜藏于心的那句话：谢谢你陪着妈妈走世界。因为你爱我，所以你会如此长情地陪伴着我。这种陪伴，是我们给彼此最好的礼物。

希腊·三城记

涵出现在希腊的三个城市，伊拉克利翁、圣托里尼和雅典。

伊拉克利翁是位于希腊克里特岛上最大的城市，这是一个被历史记载的城市，只是它衰败得却让现代人忘记了。残垣断壁的古堡，破旧不堪的码头，萧条的小商店，价格低廉的商品，还有当地人一张张哀怨的面孔。这便是伊拉克利翁，一个让涵没有记忆的城市。

至于圣托里尼，这个很多女人心目中的浪漫殿堂，在涵的记忆里，填进了闻名于世的"蓝白屋"。从码头往拉菲小镇走的路有两种方式：搭乘缆车，或者骑驴上山。价格都是5欧。显然，骑驴是当地特色，可此前有了在普吉岛骑大象的尴尬经历，涵对坐在驴背上表现出的还是战战兢兢的恐惧。看到"蓝白屋"是在伊亚小镇，要从拉菲搭乘出租车走一段不短的山路才能到。所有人都在从各个角度拍摄这个只有白色和蓝色构成的如画风景，然后自拍、拍别人、再被别人拍。穿着蓝色棉服的涵被陷在这道风景里，他被忽略得有点彻底，一开始还享受自由，后来变得烦躁，接二连三地问："你们到底都在拍什么？"

我好奇为什么每一个哲学问题都是小朋友提出来的？他们的头脑里究竟装了哪种系统？蹲下身和他平视，然后沉默地拥抱他，对视的时候和他说："这是比绘本里的天还蓝还美……"我把自己眼中的圣岛之美描述给涵，他依然不耐烦。叫嚷着"涵要走，回房间……""走、走、走……"我把他甩在原地，自己去拍有如童话世界一般的景色，他突然大喊一声："涵看不见！什么都看不见！"

我掉头折返跑，跑到他跟前，试着以他的身高来观景。事实真如涵所说，我眼中看到的只有蓝得枯燥的天和各式各样的鞋子从身边经过。其实从环球

之旅开始之处,我便一直拒绝抱他,走到哪里都推着他超大的婴儿车。出发的时候他 25 斤,再回到北京时已经 28 斤;他穿着一双 15 厘米的 Jordan 童鞋开始了旅行,回家时那双踩过三大洲的鞋已经装不进他的脚,我不知道那一厘米是具体在哪一天长出来的,但他的确靠这一厘米丈量了世界。他到过的地方要么留下了车轮的痕迹,要么就是他的小脚印。但在圣岛,若不是他真的看不到我的惊叹,他已然习惯了独立行走,或者依赖交通工具。

我赶忙抱他在怀里,让他坐在高高的石阶上,侧下头就可以看到美不胜收的蓝白屋。可他却一直回着头,眼皮低垂着。这个既有密集恐惧症又恐高的小男孩娇柔地搂住我,他拒绝被拍照。我清楚地听到了他长叹一口气,那分明是煞有心事的叹息。"妈妈,这儿的海蓝,比马尔代夫的还蓝。"

他精准的概括正是事情原本的模样。这个场面并不符合我想象的开始,因为我怎么也不敢相信他的存储空间竟会如此庞大,而且没有他的提醒,我也根本发现不了海与海之间竟会有如此鲜明的颜色差异。得到了认可的涵嘴

Book 谢谢你陪我走世界

角微微翘起，形成了一种沉思状的神奇。

雅典是涵的希腊第三城，在这里，涵一步一步地登顶卫城，他俯瞰了整个雅典，站在这"高丘上的城邦"上，雅典娜神庙就在他旁边，我不知道该如何告诉他这里的古迹始于公元前500多年，那样他一定会问我，是哪个"公园"。我用壮举来形容涵登顶卫城这件事，并且在回程的路上，寄给他一张明信片以此留念。

关于涵和卫城的故事，真的值得拿出来讲一讲。

3月末，欧洲每一天的温度就像精神病一样奇怪，早晚的寒意不是北方的乍暖还寒，那是一种清冷的寒意，空气中随时飘着雨，又随时会有阳光。到了中午，所有有袖的衣服留在身上都会觉得多余。一早出门就赶上时小时大的雨水。到了卫城脚下，抬头探了眼山顶，在做攻略时背下来的海拔150米让我瞬间有了概念——不过才150米，平常人以平常的速度跑步30秒就可以完成的距离，把它竖起来看怎么会那么高？再低头看看身高90多厘米的涵，他竟是不足这座山的一百五十分之一！

每个孩子都有不知深浅的共性，我盘算着退掉12欧的门票，就陪他在山脚下的雅典露天剧场的广场上玩玩我俩独创的追跑打闹游戏，可他突然从婴儿车里站起身，尽力与以我平视的角度斩钉截铁地告诉我："涵必须上去！"这是他在生命中第一次说出如此坚决的话，他第一次用上了"必须"。我反感这两个字，每当周围人用"必须"来要求我时，我都会以"除了法律是必须的，其他任何事情都不存在必须"作为对话收尾。那一刻我条件反射似的想以更强硬的态度反驳他说出的这个词，可做妈妈的女人在面对孩子单纯明亮的眼睛时，都有过把驳斥又咽回肚子里的经历。

显然，涵用他格外鲜明的态度告诉我的不仅是他要去征服

这 150 米的决心,更是他告别了用婴儿的啼哭和我谈判的那个时代。在人类的发祥地,他进入了生命的第二个阶段——用一个助动词强调的不是语气,而是他的态度。这是个让我兴奋的信号,从此,我俩进入了斗智的时期。

他还在我子宫里时,设想过这个时期可能会发生的情况,我会被他气哭,也会被他哄得开心,在他漫长的婴儿期,格外期待这个时期的到来,但当它真的降临时,我竟然有些手足无措。

没有制止他说出的第一个"必须",即便这个世界上的大多事情真的不存在"必须为之",但涵毕竟只是个两岁半的孩子,他有的是时间自己去感悟,我又何必用我走过的路、吃过的亏盛气凌人地去教育他?

寄存婴儿车的时候,我以对合作伙伴说话的语气对涵说:"这是咱俩一起爬的第一座山,我们通力协作,一定要走上去!"他以极其简短的一句"不

Book 谢谢你陪我走世界

让妈抱"提醒我，我说的每一个字他真的都听得懂。

那是一段艰难又崎岖的路，近 3000 年的历史留在这里，它以最初的样子示人，最近一次的修葺经历了 50 年后，至今未完成。那高低不平的台阶上留下了数不尽的脚印，这其中也包括涵的。有的台阶高过他腿的长度，我鼓足劲去抱他，他用力甩我，然后又回到了原始的婴儿期，用四肢一起发力的方式爬了上去。

周围不分国籍不分肤色的人都给他赞许，我激动地哭了出来。他怎么一下子就长大到可以自己去爬卫城了？再过几年他是否还会记住自己在 2015 年春天做过的这件勇猛的事？他还需要过多少年才能理解雅典对于人类的意义……可眼下，事实比那些想象更有吸引力。

真的登顶了，或许只有站在山顶时，我们看到的风景才是相同的——无际的天，雅典娜神庙，空中飘舞着的希腊国旗以及山脚下星星点点的卫城全景……从他身边经过的人中，有些忍不住举起相机为他拍一张照片。得到赞许就是会有成就感，这一点大人小孩儿都一样。他朝着每一个对准他的镜头自豪地笑，没有腼腆和羞涩。那天他就像捧得奥斯卡的小金人奖杯的胜者一样，被关注着。

后来，每当他做了件让自己倍感自豪的事情后都习惯性地问家人："涵棒吗？"每个人给出的答案都是极

大的肯定:"涵特别棒!"

只有我会对他说:"涵棒,可棒不过卫城的涵!"这是我俩的暗语,外人难懂,但只要涵懂,就够了。

罗马·把回忆留给未来

那么多人爱罗马,可我爱那里的理由只有一个,这是一座涵向历史致敬的城市。

船开到奇维塔韦基亚的前一天晚上,突然被腰椎间盘突出的疼痛打了个猝不及防。原本打算带涵从码头乘坐火车到罗马市区的计划被取消,取而代之的是租车。要知道,在意大利的旅行中没体验过火车和shuttle bus(观光巴士)这两种交通工具多少都显得残缺。

和司机商量好路线和景点,车路过梵蒂冈的时候,看着排成蛇形的队伍,我预感到,罗马的行程注定了只是走马观花,如果有惊喜,一定也只是出乎意料的一些小事。

2015年3月末的罗马,许愿池还在修缮,我们无法把愿望抛进罗马最高的喷泉中,便选择到西班牙广场去见识阶梯上特有的法国风味设计和广场上的那些英国咖啡馆,并且穿越回奥黛丽·赫本时期《罗马假日》的浪漫情景中。

车停在西班牙广场附近的一个拐角处,背好包俯身安装涵的推车,这时候隐约感觉身后有人拽了我一下。一转身,一个吉普赛小男孩摊开双手、满眼失望地看着我,他用空空如也的两只手告诉我:很遗憾,我没有从你的包里拿到一点东西。他丝毫不在意自己是"小偷"的身份,而我实在不忍将"小偷"这两个字附加在一个七八岁的孩子身上。

到过罗马的人都知道,这在罗马都是寻常事,没有人会在意,也没有人会惋惜。涵站在我身后，目睹了刚刚发生的全部，坐在车上时他问我："妈妈，哥哥为什么会拉你的包？"我被这个问题困在原地，先是想制止他用"哥哥"来称呼对方，然后想把真相告诉他。可他只是个两岁半的孩子啊，他活在单纯美好的世界里，这是让人不忍破坏的美好。即便他迟早会对真相一目了然，但眼下就先这样吧。

旅行中被丑陋的事情堵心的结果就是，想迅速逃离那个地方。一路推着涵往回走，看到了街两边的那些奢侈品店铺，涵用歪七扭八的发音含含糊糊地念叨着大牌的名字，那是平时他在看我收拾衣柜时问过的"这是什么"、"那是什么"，我无意中用品牌名给了他答案，那真是随口一说的话，他从未重复过，但他却在大牌林立的街上，说出了这些名字。这是每一个小朋友都有的本领，他们会对大人说过的每一个字当真，并且认真地听，努力地记。他们像相信信仰一样相信着爸爸妈妈，所以我们不能用任何一个欺骗和敷衍对待他们。

路边都是卖纪念品的小商贩，我是被吉普赛的小男孩吓到了，不敢在这条街上再做停留。其实，如果我遇到的小偷是成年人，也许这件事在我心里也就可以合理存在了，可对方是孩子的事实让我的心有种抽搐感。涵叫停我的脚步，他自行解开安全带，跳车下来，拉着我往回走，原来我错过了这座"永恒之城"里的艺术气息——我和涵站在正午的太阳底下，看两个年轻人在地上手绘着《戴珍珠耳环的少女》，后来，涵也蹲下身，仰头对我说："涵也毕加涵。"这个把家里整面墙涂得没有丝毫清白之处的小男孩，被我戏称为"毕加涵"，当早教班的老师问他毕加涵和毕加索什么关系时，他居然说"毕加索是毕加涵的小儿子"。这是他的思维，虽有不敬，但这种玩笑只有孩子才开得出来，这种欢乐也只能从孩子的世界里得到。我竟是那么珍惜。

涵说："妈妈，给涵币。"他知道这两个画匠前面放着的铁桶也是盛放钱币的。他又说："涵长大也画画，也放桶要钱，然后给妈花，给妈买包，买……"此话最终被姥姥终止，"涵不卖艺，涵没钱姥姥给！"

我无话回击，我想张开口告诉涵，卖艺是一种生存方式，值得被尊重。可面对一个爱我如命、如今以倾其所有的方式爱着我生命的延续的人，有些话我说不出口。有时候,姥姥给涵的爱是残败的,我希望她能理智一点,哪怕只是一点点。涵的成长中收获了太多的爱和给予,但这些都该有释放的那一天。十几年后,如果他在街边为路人画着肖像,或是在地下通道里弹着吉他唱着民谣,我想我一定会是为他喝彩的那个人。

距离斗兽场只有一条马路的距离了,此刻,这里不再是罗马的标志,而是心里的一个感叹词。涵挣脱开我的手臂,自己绕着广场跑了一圈,路过小摊会上前给我挑几个冰箱贴或是纪念品,然后继续跑。回想一年前,那时候他一岁半,我才把他带在身上去感受自然,而眼下,他居然已经可以帮我买礼物了。他一路走,一路笑,穿梭在古迹、废墟、断垣之中。没错,这就是他向这座城市致敬的方式,那么酷,那么独特。也许短暂的罗马行只是短暂地留在他的意识里,待他长大,他可以用那时的心境重新走进这座城,但影像里记载的是这个两岁半的小身躯屹立、穿行在罗马古城中的影子。他一定会再来这里,因为罗马有太多的故事可以诱惑他,古罗马广场、Karacalla(卡拉卡拉)大浴场、那么多的宫殿、教堂,还有我们路过却没有走进去的梵蒂冈。把记忆留给未来吧,未来会给他更多的记忆。

关于旅行,关于罗马,关于他自己。

Book 谢谢你陪我走世界

大西洋·流星划过的那一夜

船离开了亚速尔群岛的 Horta（奥尔塔）码头，全速向纽约行进。

终于见到了大西洋，这片看起来白惨惨的海，这片让我的心始终惴惴不安的海。

距离现在快一个世纪了吧，也是 4 月，也是在这片海上，那艘从英国南安普敦出发驶向美国纽约的"不沉之船"泰坦尼克号最终沉于大西洋海底。此时，载着我的船也漂在这一片海上。

绕遍了全世界的海之后我才发现，每个海域都有着不一样的景色，它们并不是书里面描写的统统都是蔚蓝的、天海合一的样子：孟加拉湾的海水是湛蓝的，蓝得浓郁有温度；爱琴海的海是淡蓝的，正午时分，阳光直射水面，清晰可见的是彩色铅笔勾画出来的海水；在加勒比的海中可以寻到一抹淡淡的绿色……

没错，海水的颜色和季节的变更有着必然的关系，但除了听说过玻利维亚的盐湖，我从来没有将大海和白色做过联系。此时，正处在大西洋上的我和涵，亲眼所见的却是如白沙滩一样的惨白惨白的大西洋。一望无垠的白色让我抑制不住地将自己的处境与多年前的泰坦尼克牵扯上关系。

4 月 10 号晚上 6 点，船离开了蓬塔德尔加达的 Horta（奥尔塔）码头，这应该是一座不搭乘邮轮很难抵达的城市，属于葡萄牙领土。美国和欧洲的很多游客会来此安逸地打发假期，整个欧洲，除了土耳其可以同时使用里拉、欧元、美金三种货币，其次就是在这里，它没有自己的专属货币，却是欧元、美元通用的小城。

离港半小时，已经到了吃晚饭的时间，我坐在餐厅里点餐，涵坐在宝宝椅上，桌板上有他的小杯子和小碗，此时他已经可以自顾自地、和我们一起同时进餐了，我不时地像给小猫小狗喂食一样，撕下一块儿肉扔到他碗里，随便他会用手还是勺子吃进嘴里，有时候也会吃到鼻子里，或者干脆撸到地上。我都懒得管。

在邮轮二层的餐厅里，清晰地听得到邮轮马达发出的轰轰声，这一点儿也不奇怪，在海上漂了40多天，这声音从日渐熟悉变成了日渐习惯。但10号那天不一样——除了声响，放在桌面上的手机"扑通"滑落在厚实的地毯上，涵的小碗在他的小餐盘上从一端滑到相反的方向，滑回去，滑回来。再看端着菜盘的服务员，步伐变得踉跄，上菜速度放缓。经历过南海那一夜的恐惧后，我祈祷过一切顺利，可眼下很明显风浪来了。这是个现实，只是没想到忐忑和不安会这么快地占领我身上每个有缝隙的地方。

船晃得越来越厉害，比上船那天要严重很多，我已经不能再把嘴里咀嚼的东西往下咽，乱七八糟的东西开始在我的胃里翻滚，喉咙也有一种火辣辣的干涩感。为了缓解难受，我不停地抿嘴喝水，顺势瞄了一眼涵——他边吃边和餐盘上小碗玩儿着"你推我搡"的游戏，兴奋地叫着："小碗和涵一样都有脚，都会走路。"我问他晕不晕，他一脸迷惑地看着我，然后摇摇头。就在他反馈给我这个让我心安的结果时，我已经以冲刺的速度跑出餐厅，钻进公用卫生间，这是第二次抱着马桶吐得七零八落。重新回到餐桌时，涵还在津津有味地吃着羊排和西兰花。见我回来，他吐出嘴里塞满的食物，用袖子抹了下嘴，细声细语地问："妈妈，你又吐了吧？又晕船了吧？我给你揉揉……"暖男的温情在这一刻突然出现，如果我是一个发烧患者，在听到他的那些话之后，温度应该会瞬间回到正常值，但恶心和呕吐是我们最难以控制的病态表达，我不敢用过多的言语说出心里的那份感

动，生怕胃酸会比语言先行而出。但我确定我是以最专注的眼神盯住这个两岁半的孩子。一个多月前，他才开始试着和外界用语言沟通。当他开口向外界表达他的真实意愿时，全家人都为此开心、炫耀，可那一刻我却感到了一种浅浅的哀伤。要知道啊，从此，他说的话全世界都能听懂了；从此，我对他来说不再是唯一的那个人；从此，他的生活和思维会因

为语言变得一天比一天独立!

"妈妈,刚才阿姨说你不该喝那么多水,因为……晕,嗯,不能喝水,吃干儿。"这是一个长句,他说得很艰难,并且是在复述,虽然后半句被他精简到难以理解,但我是懂的。他要说的是"晕船的时候不能喝水,要吃饼干。"这是在我去卫生间的时候,服务员阿姨对他说的话,他记在心里转述给我。

那个晚上,我们省去了平常已经习惯了的所有的晚间娱乐项目,回到房间,我以平均每十分钟的频次冲到马桶前,一阵一阵作呕,涵像一个"小跟屁虫儿"紧随其后,从纸抽里利落地取出几张纸,站在我身后,用力度刚刚好的小拳头帮我捶背,再把纸巾递到我嘴边,最后还要帮我按下马桶的冲水按钮。

这个世界上怎么会有如此暖人的小暖男?我对自己发誓,日后即便他做了再多错事,我也要记住他在我们穿越大西洋的第一个晚上对我的悉心照顾,绝不会把一个手指头落在他的身体上。可事实上,这就和成语"利令智昏"是一个道理,我的誓言是被一时的温情冲昏了头脑,所以在清醒了之后,那誓言就很难作数了。

每次吐完,看着镜子里的自己边漱水边想,我这个没经历过孕吐的人

在大西洋上彻底把女人每个阶段该有的痛苦经历都补回来了。

涵说,妈难受,涵不洗澡了,早点睡觉,明天一早还要照顾妈。

孩子的世界就是如此单纯,他真的说到做到——自己躺在床上翻了两个身就睡着了。那个往常一贯有着睡眠障碍的孩子突然不见了踪影,他轻微的喘息声伴随着邮轮行进的马达声以及四月天大西洋上呼啸的海风,层层叠叠、此起彼伏。

我明知,早睡是对晕船最好的缓解,可我又知道,晕船是可以倚靠于药物的,然而内心的恐惧却让我陷入严重失眠的痛苦中。

心里真的怕,手机一直挂着船上昂贵的Wi-Fi网络给涵爸发微信,恨不得连上视频看着他的眼睛。那时候横亘于我俩之间的时差已经有10小时。我的夜晚是他的白天,我在深夜里感受着思念的时候,他正坐在电脑前盯着满屏的数字和表格。纵使他一直知道我是想他的,但他却无法想象,在大西洋上漂泊的我,在这一晚是有多么依恋他。

船继续晃,越到深夜,风浪越大,船行进的速度越快。睡梦中的人不会被这种刺激惊扰到。相反,我们似乎找到了几十年前住在母体子宫里,被羊水包围住的那种感觉,这也是对很多新生儿喜欢抱睡并摇睡的最合理解释。

Book　谢谢你陪我走世界

Book 谢谢你陪我走世界 125_

可我是个悲催的失眠患者。药效发力，乏力的呕吐感暂时得到了缓解。放在桌面上的水瓶、水杯接二连三地掉在地毯上，我不敢起身去捡，紧紧握着手里的手机，试图用一直挚爱的民谣安抚自己。可不知为什么，那天从耳机里传出的竟然是原本已经删掉的《后会无期》。歌词的第一句便是"当一艘船沉入海底"……

就算是一个只相信科学的人都该知道，征兆是存在于世的。身处船上，怎能沉迷于这样的歌？又想起第一天登船时遇到的让我打了退堂鼓的经历。和大西洋的浪比起来，南海那晚就像是适应性的基础演习，根本不值得一提。

回想40天前，在同样的地点，几乎相同的时间和倚握在床上的姿态，听着涵和姥姥睡眠中轻微的喘息声，彼时的担忧和忐忑仍然历历在目，存在手机备忘录里险些要发给涵爸的那些"临终遗言"又被我"全选"并再次"复制"在了微信里，只要我的任意一个手指按下发送键，他将会看到我爱着他、心疼他、感谢他的那份感情。

我把两大一小三件救生衣从衣柜里拿出来，放在床上。船依然猛烈地晃，想起此前有船员说，他们经历过的最大风浪导致船以左右45度角左右摇摆，11层高的邮轮从第4层起便是房间，但全部乘客必须带着救生衣到1层打地铺。一旦遭遇不测，要按照演习时的线路以老人小孩女性优先的顺序逃生。

人总是这样，会在情绪低落的时候用更负能量的情绪把自己搞得雪上加霜。我试想着，如果此时船上响起了至少90分贝的刺耳警报声，如果我、涵、姥姥中会有一人未卜，我该怎么选？把涵和姥姥安全送上岸是我唯一可能做出的决定。但从此，涵的世界里没有了妈，姥姥的世界里没有了女儿，那个与我有着10小时时差、与我共同经营了12年感情的男人失去了爱人……我的心像是在发生裂变式的涨痛，瞬间而至的窒息感让我用力挠头皮，在那间仅有20平的房间里，我发出任何声响都无法被遮掩，但如果没有一声痛彻心扉的叫喊声，我觉得自己离疯就不远了。

穿上棉外套，蹑手蹑脚、摇摇晃晃地走出房间，走到邮轮船尾的外甲板上。空气湿冷、飓风呼啸、漆黑一片，这便是我感受到的和看到的。活了31年，从没有认真考虑过生死的问题，但漂在大西洋上，听着风声和海浪声、看着如黑油漆般黝黑的海水，我好想找个人，在刺骨中和我聊聊这个世界，和我们的生活。

躺在甲板的躺椅上，愈发冷、冷得抽搐，那一刻只有让身体最大面积地接触到另一件物体时，我才会感到安全。"天海合一"用在夜晚才是最恰当的，天是黑色的，海也是黑色，没有层次地连在一起。我听见一个声音问："真的熬得过这四天吗？"沉默，无解。"坚持住，纽约是你向往的天堂，

无论如何也要去见识纽约这个天堂!"继续沉默,没有回应。简短的语句一遍又一遍,那都是我心里的声音啊,那一刻我需要一个坚定的信念让自己扛过来。可又没办法把内心的恐慌告诉两岁半的涵和快60岁的妈,也不能把所处的危险放大给远在一万公里以外的那个男人。所以,必须靠自己。

瑟瑟发抖地蜷缩着,目光停滞在天海之间,没有丝毫期待,似乎全世界的冷清都留在了大西洋上。就在我难捱寒冷时,一道流星闪过天际,紧接着,又一道、再一道,"嗖嗖嗖"地从我头顶划过。流星对于我们这些生活在城市里的人来说,简直就是世上存在的罕见奢侈品,唱了那么多年"流星雨"的歌,一直以为流星都是后期剪辑的影像效果,但此刻,我确定自己是在清醒中见到了流星雨,这也是大西洋给我的恩赐。

都说对着流星许愿是灵验的,于是我立即双手合十,仰望天空,心里默默说出了两个字:"平安!"

那是彻夜未眠的一夜,在甲板上看到了日出后,回到房间歪在枕头上昏昏沉沉地闭着眼。早上睡醒觉的涵光着小屁屁爬到我身边,习惯地亲了我一口,"妈妈烫!妈妈病了,妈妈难受吗?涵给妈喂药……"是的,我病了,睁着哭肿的眼睛,以一张苍白得没有血色的脸面对这个天真得无懈可击的小朋友。后来的3天,行驶在大西洋上的我们继续随着船摇晃,只是晕船的人越来越少,原来,晕船也是一件可以被习惯的事情。我断断续续地昏睡了两天,涵和姥姥在邮轮的各个角落里玩儿,但过不了多久涵就要跑回来,说要给妈妈喂杯水,说要用冰毛巾给妈妈敷额头。干瘪的嘴唇被他喂给我的水湿润了,滚烫的额头被他敷给我的冰毛巾冷却了,他以像我爱他一样的方式爱着我,虽然我从未奢望过他能给予我回报,可当我被他暖过之后,几天前流过的眼泪又回了眼眶。

没办法和他解释在穿越大西洋的第一个晚上他的妈妈经历了什么,发生了什么,那是一个从未有过的不堪的我。我不忍把糟糕的自己泄露给我的孩子。我能给予他的不是富足的财富和让人羡慕的名望,只愿他能一直积极乐观地去生活,如果能一辈子这样,那是我此生最大的成就!

关岛·旅行的代价

2015 年 9 月末，涵三岁了。

结束了环球旅行，这次问他想去什么地方，他说：大海。其实他是怕水的，密集恐惧症和轻度洁癖症仍未治愈，所以沙子不具备吸引他的能力。也许他爱大海就是一种直觉，我无法从他简单的表达中理解，却可以在心里聆听到他的沉默。

选择了地处太平洋上的美属关岛，于是，关岛成了涵三岁后第一个等待他的目的地。关于太平洋，我是有遗憾的。环球旅行前，考虑到涵爸的相思之痛，我们将归期提前，继而放弃了太平洋航线。后来据说邮轮在太平洋上遇到了风浪，颠簸不断，不得不改变航线、全速前进，我嘴上说着"庆幸"，但多少有那么点儿口是心非。

为了弥补遗憾，让涵长长 1 厘米的小脚站在太平洋沿岸的海边，关岛是我们全家最好的选择。补上了这一站，他真的就算环了北半球。爸爸的美国签证办下来的当晚，关于三张机票的确认信息已经发送到我的邮箱里。出发时，北京多少有了点秋天的样子，早晚已经凉了，我们穿着秋装坐上飞机，凌晨 1 点到达目的地时，脱得只剩下一件 T 恤。

有爸爸的旅行多少有些不一样。和姥姥比，他不是我的好帮手，也不是涵最好的料理者，但却是我们的好伙伴。一切新奇的、未知的、冒险的经历都在爸爸的带领下发生着。关岛有几大特色，真枪射击馆、水陆两栖大黄鸭船、探入海底的潜水艇、当地人的部落村落，以及野马或者大黄蜂的拉风驾驶。

涵沉浸其中,经历了关岛的旅行,他的生命中又被填补进了好多个"第一次"。

那真的是他第一次用真枪射击,其实不仅是对他,对爸爸也一样。在韩国人开的射击馆里,我才发现,男人对枪有着天生的驾驭感,并且不分年龄,涵爸是,涵也是。和枪馆老板说好,就让涵试一枪,尽管那是违反店规的要求(他距离规定的10岁还差得远),可我只是想让他感受一次握紧枪、手扣扳机那一瞬间的力度。当被带进射击室时,教练递过眼镜和耳机,把这两样东西给涵戴好,我们期待着涵的一剂好枪法。伴随着一声巨响,子弹穿透靶心,烟雾缭绕,涵吓得发抖,欲哭无泪地摘下眼罩和耳机,扑到我怀里,紧张得语无伦次起来。冷静下来了,他告诉我"打枪手疼,涵怕,再也不打了。"

涵爸说:"这么不讲规则地玩儿对涵未必是好事。"他言外之意是,我不该用一种冒险的方式让涵体验不符合他这个年龄段的游戏。或许他是对的,因为我们对不同事物的恐惧总是来自于不断尝试未知和新知的过程中。小孩子到底该不该无畏地长大是一个颇具争议的话题,可眼下他对枪有了小心翼翼的概念。拿着射击成绩单,教练在上面重重地写上了A+。涵歪打正着地

Book 谢谢你陪我走世界 131

击中了靶心,这是他的运气,就那么随随便便、不知深浅地一扳,竟让他得到了这最好的成绩。他带着一丝傲慢站在原地和教练合影。走出射击馆门口时,他对爸爸说:"是不是涵再多练习练习,就能得 A++?"这是一个让我内心窃喜的提问,仅仅是一枪射击的体验,他竟然从中领悟到了勤奋和成功之间的联系。比起那些被归总得头头是道的亲子游意义,涵细碎的提问让我欣喜不已。

后来的几天,他以司机的身份开了水陆两栖黄鸭船,载着几十人浩浩荡荡地在河道里漂流;我们乘坐着潜水潜,潜入海底 40 米深,看到了如繁星般的海底世界;坐在大黄蜂敞篷跑车里,他大声地唱着民谣歌手宋冬野的《斑马斑马》,不时地向关岛的云朵挥一挥手,说着只有童话里会用到的台词:"云彩、云彩,涵哥在这儿呢,涵哥追你们来了,等等我!"他一路天真、一路文艺地驰骋在关岛的公路上。准备还车时,爸爸关上了大黄蜂的车顶,涵不舍得下来,鼻子贴在玻璃窗上往外看,那一刻只有涵自己知道他在寻找什么,实质的或者虚幻的,总之那是用眼睛看不到的。关岛的旅行是我和爸爸给涵的三岁生日礼物,他也把欢畅的笑留在了这里。

回程的机票是凌晨 2 点半起飞,在首尔转机,抵达北京的时间是上午 10 点。在托运行李并换登机牌时,一件意想不到的事情发生了,而这也成为涵在旅行中遭遇的最惨痛的经历。为我们办理登机手续的是一个美国人,原本只需要几分钟就走完的流程,却让我们足足等了半个小时,然后被告知,因为我们三个人的护照上没有韩国签证,无法从 A 机场转往 B 机场再回北京。因此,那个晚上我们唯一能做的事情就是打道回府,在关岛再待上至少一天,然后等待可以乘坐的改签航班。

得知这个消息时,已经是凌晨 12 点多。无论如何这都是涵在梦里的时间。可事实上,我们在机场,找不到一个可以让他睡觉的地方,拖着两个大号行

Book 谢谢你陪我走世界 133

李箱，两个背包，而且来关岛时租用的漫游宝已经归还，没有网络的支持也没有可以随时入住的酒店；帮我们解决问题的工作人员后来都变成了韩国人，听着他们拗口的英语，看着涵困到极致表现出来的烦躁，我急得快哭出来。不停地重复一句话："我只想带着孩子回家，或者找个地方睡觉，你们能帮我吗？"航空公司的工作人员一边为我们查询随时变更的机票信息，一边强调性地解释：即便你们三个都有美国签证，本可以凭签证进入韩国并做短暂停留，但韩国的规定是，不包括塞班岛和关岛这两个地方。我回忆着在网站上订机票时的提示，记不清是否看到过这个限制条件，或者说，如果信息没有明示在网站上，我完全可以进行投诉。可看着身高已经过了1米的涵以婀娜、扭曲的身形趴在爸爸身上熟睡的样子，我心里满是愧疚，这就是他在旅行中要承受的痛苦。

最后的处理结果是,当晚我们不得不打道回府,在机场时随便联系了一个酒店,又拖着行李,抱着睡得并不踏实的涵坐上了出租车。那是我和涵爸一个无眠的关岛之夜。涵终于在一间简陋的酒店里舒展开了身体睡实了。我俩挤在一张床上,重新安排被滞留的这一天的行程。后来涵爸说,"今天让他睡到自然醒,然后他说去哪儿我们就陪着他,一切都听涵的安排吧。"

我知道,这是他能够给涵的唯一弥补的方式。当然,也是我的。

在关岛多赢得的这 24 小时全部是属于涵的。睡醒觉时已经快中午,不需要我们为他做什么解释,他清楚地问:"昨天我们没走成,那今天就应该没问题了吧?"他不需要任何准备地便接受了"被滞留"的事实。后来回到家,他总会给家人讲起在关岛机场的故事,当被追问道"什么是滞留"时,他会表现得像一个经验老道的旅游达人那样,告诉对方:"滞留就是回不了家了,如果你找不到妈妈也不要哭,飞机(航空公司)会帮助你的。"

日后,在涵的旅程中或许还会有"被滞留"的经历,但我不需要有过多的担心了,因为在他 3 岁时,便已经知道遇到棘手问题的解决方案。时隔 24 小时,我们一家顺利登机了,航空公司为我们升了舱位,涵得以舒舒服服睡过了从关岛到首尔的航段。飞机上我问涵爸:"跟我这个不专业的'亲子游达人'出来玩儿是不是挺刺激的?"面对这个玩笑式的提问,他板着脸说:"想做个合格的达人就得付出惨痛的代价,没有这些代价,你用什么去告诉别人需要注意的事项?只是涵,的确委屈了一个晚上,但这对他来说未必是不好的事情。"涵时常回想在关岛的游历,一切都如涵爸所愿——成年人眼中不想经历的、刻意躲闪的,却成为孩子心里一份骄傲的、被认可的经历。这个在环球路上遇到过飓风、突发事件、登顶过卫城、爬遍了纽约时代广场、在越南海边坐盆拉过臭,又在关岛被滞留过的小男孩,生活的奇迹总是发生在他的旅途中,并且还在继续上演。

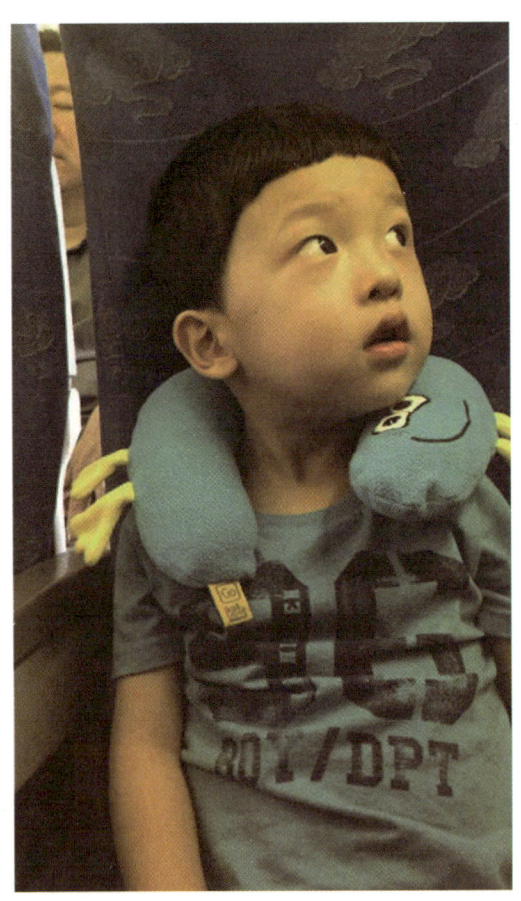

Book 谢谢你陪我走世界

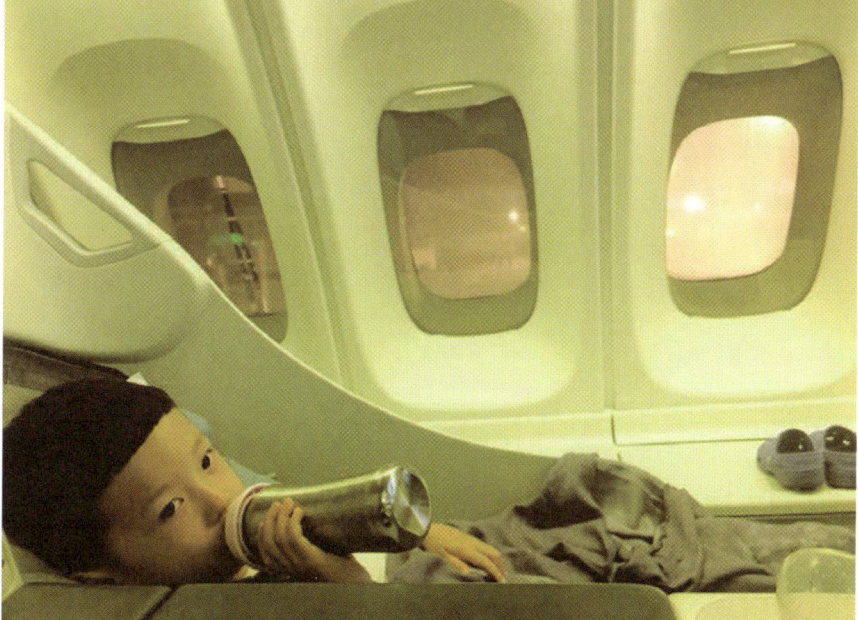

PART 4 谢谢你,让我思考要做个什么样的妈妈

纽约·世界上最远的3米距离

游历过世界上30多个地方之后,纽约成为一种独爱。但带着涵在中央公园里的一个片段,让纽约变成了我的伤城。

进入了中央公园,爬上一个小山坡,清晰可见山脚下的儿童区。涵指着远处的滑梯、秋千和沙池兴奋地叫着。下山的时候摔了几个屁蹲儿,但这丝毫没有影响他奔向滑梯的速度,但当我们真的站在这个简约得没有任何装饰的滑梯前面时,我傻眼了——滑梯的制高点已经超过了3米,滑道的坡度大于45度,我还在打量的时候,发现涵已经爬上去了,我伸手根本够不到他。

4月的纽约寒意未减,他穿着薄羽绒服,像一只小笨熊放慢动作一样,坐下来,手紧紧地抓住两边,看样子他是做好了往下冲的准备,我站在滑道的最下面等待接应他。其实那一刻我听到了自己内心的声音,那是一种恐惧,即便旅行已经告诉我很多次,世界比我想象得要宽阔,但眼前这3米的距离,还是让我无法以一种享受和欣赏的目光去鼓励他。

"妈妈!妈妈!涵怕!救涵!"
隔着滑梯的长度,我提高了分贝地喊着说话。
"妈妈在下面接你,不怕哈,嗖!滑下来咯!"
"不敢!妈救涵,涵要下去!"
这三句话他说得清晰又坚定,软硬兼施的方法都用尽了,他依然坐在滑梯的最顶端。我无奈地走上去,涵泪中含笑地说:"妈滑一个!"

我想我可能是疯了,就在他说完这句话之后的0.1秒。我居然用尽一只手的力气把他从3米高的滑梯上推了下来,他背对着我滑下去,我看不到他的脸,但当他脚踩大地,小小地身体望向滑梯之上的我的时候,涵的脸上是一种狰狞的笑,他的小手用力地击掌,那是给自己的庆祝,同时又用力地跺着脚,那是在缓解他滑落地面时的恐惧。

站在那3米之上看中央公园,视野极好,能看到不远处的宠物区以及庭院式的休息区,从这俯瞰下去都是一种安静、美好的景色。但当我直视滑梯下面的陆地时,我突然想起了宫崎骏在《千与千寻》里的一句台词："人生就是一列开往坟墓的列车，路途上会有很多站，很难有人可以自始至终地陪着你走完。当陪你的人要下车时，即使不舍也该心存感激，然后挥手道别。"

这个不恰当的联想不知道为什么会在那一瞬间跳出来，至今我也没有办法给出自己一个答案，但事实的结果是，我从走上滑梯的那些楼梯原路返回了地面。

准备离开这个带给我们危险感的庞然大物时，突然，一个看起来大概有5岁左右的小男孩儿跑上滑梯。它真的太高了，5岁的他坐在上面迟迟不动，回头张望着什么。此时，一个穿着轻便运动装的女人迈着矫健的步子站到了小男孩儿的身边。她亲了一下儿子的额头，然后喊了一声"Baby let's go！"她冲下来的速度极快，一副很享受的样子，站在滑梯上的孩子紧随其后，叫喊着"Mum, I'm coming！"

我拉着涵的小手站在原地，一个31岁的女人和一个2岁7个月的孩子目不转睛地盯着一个画面，定格半分钟，这足以说明眼前发生的事情太有诱惑力和吸引力。涵没有流露出对我的责怪，或许他还不知道这个世界上有一种叫作责怪的情绪，或者他的内心是强大的，强大到他还愿意把小手交付到我的手里，也算是对我的原谅。

可是，我怎么能原谅自己？

他那么小，小到还不到1米高，走起路来还跌跌跄跄，他也可以清晰地感知到高度带给他的恐惧，但我怎么可以把他一把推下来？而不是像那个酷妈一样，用实际的一次下滑鼓励涵勇

敢地完成这次尝试？我听到心里的那个声音，"因为我也害怕那3米的距离"，但又凭什么要求一个不到3岁的孩子比我勇敢？而这种自责在陪他一同成长的两年多的时间里从未有过。

看着那个和妈妈继续你追我赶的小男孩渐渐远去的身影，我蹲下身抱起涵，他掰正了我的脸认真地说："涵棒！"

我把他抱得更紧了。他挣脱了一下，猝不及防地在我脸上狠狠地亲了一口："涵爱妈！"

这是一次没有回应的独白，我不知道他为什么还会爱我，在这个世界上，我是他最依赖的人，即便在黑暗中挣扎，你也会找到我的影子。

谢谢那个纽约中央公园里遇到的妈妈，她让我在和涵一起成长的旅途中深刻地自省着——世界那么大，人生那么长，总会有一个人要让我去温柔地对待。

纽约·妈妈们的手机都去哪儿了

涵爱纽约的程度不亚于我，不仅因为那里有中央公园，有不抢他玩具的小伙伴，还有照看孩子们专注的妈妈们。

如果说3米高的滑梯是涵的心里难以克服的恐惧，那么他心里的伤就是靠当地小朋友的规则感帮他抚慰的。我相信与世无争是人出生来就有的性格，这与年龄、阅历、看破红尘都没关系。涵天生不争，这一点是我在他一岁开始上早教班就发现的。老师将玩具散落一地，瞬间被孩子们抢空，涵站在原地一个未得，回头冲我摊开手，然后说一个字："没"。作罢。

试图改变却未果，所以我和涵爸也就接受了这个事实。不争就不争，只要他开心，不觉得自己受了委屈，那么即便没有得到也能让他自得其乐。他一天天长大，即便语言发育得相对迟缓，但我俩之间表情达意还是顺畅的。渐渐地，他会用眼神或者一个躲闪的动作传递出对某一个人的印象。小孩子的神态真的没办法欺骗任何人，面对那些对他友善的人，只需要一秒他便与对方建立了信任，而在被冷落或被禁锢的氛围中，他们的眼神里少不了呆滞。

涵经历过很多次玩具被同龄小朋友抢跑，或者滑滑梯被挤到后面的尴尬事情。我知道他迟早是要独自面对这些处境的，既然在娘胎中他没有学会攻击，那至少要在生活里学会保护自己。很明显，在性格外向的孩子面前，他总是有意地躲闪，他开口讲话后在无意中告诉我："涵不喜欢抢。"简单的五个字是他在生命之初对周围人的首次分类，说得更直白些，他不喜欢和那些抢他玩具的人做朋友。有时候我觉得他孤独，但看着他和他喜欢的孩子在一起开心地大笑时，我在想，他已经为自己选好了圈子，他的孤独仅仅是我的想象。

在中央公园上演了这样一幕——涵手里紧握着我在前一天给他买的一辆小皮卡车模，他睡觉时攥在手里，睡醒时车在脸上铬出了印。然后小车又被他攥到了中央公园。那是当地孩子的乐园，他们成群结队地追跑着。涵有小车陪着玩儿得也是自得其乐。从他身边经过的小朋友都会低头看看这辆跑在塑胶地上的小皮卡，我心里想：完了，这车又保不住了。可事实是我用狭隘测量了孩子们已经建起来的规则，他们只是停在原地笑着、看着，然后和涵打个招呼，却没有一个会上前拿走。

草坪的另一端走来一个小姑娘，看起来比涵小。她推着一辆只有玩具熊坐得下的粉色小车向涵所在的方向走过来，距离越来越近，涵回头注意到了她，或者是她的小推车；她也注意到了涵，或者是停在涵脚边的小皮卡上。总之，当两个人的距离缩短到只有三四米时，他俩一直对视。这是一副美得可以被定住的画面。他们就那样看着彼此，像一对即将分离的朋友，也像许久未见的知己重逢。

后来，他俩交换了玩具，两个坐在草坪上的小孩儿，时不时地发生咯咯笑声。孩子的语言都是共通的。他们不需要严肃的沟通、热情的寒暄，大多数的表达都可以靠肢体，毫无障碍，简单又直接。

我坐在远处，看着他俩和谐地在一起，心便也静下来了，拿出手机开始刷朋友圈，一遍一遍地刷，然后看各种新闻、公众号。涵跑过来，在我没有丝毫防备的情况下，一把抽走了我的手机。然后像个大人一样质问我："手机有那么好玩儿吗？你能不能别看手机啦？"

他拉长了最后一个字的音，引得周围人的目光。他继续喋喋不休："别的妈妈都没有手机！"我确定，在中央公园里，我和涵的对话不会有什么人能够听懂，但他说的这简单的两句话只要我能明白就足够了。

事实真像涵所说的，公园那些陪着孩子玩耍的妈妈，或者坐在一旁观望着孩子的妈妈们，她们的手机都去哪儿了？美国没有朋友圈，却有facebook，那是她们的社交平台，但却没有哪一个人像我这样如此热衷于"社交"。

涵用他犀利的语言和敏锐精准的观察力提醒我：请你放下手机，用心地陪伴我。

面对这个有些恼怒的小孩儿，我看到了他被忽略之后的受挫感和缺失感。既然决定要和他一起成长，就要有扪心自问的过程，等待我给自己答案的问题是：我哪有那么忙？一定要把手机握在手里才能安心？非得在社交平台上寻找存在感和朋友之间的融入感和参与感？即便忙，即便需要社交，但最基础的问题是，我首先要和我的孩子建立好我们之间的社交关系。

爱是一种陪伴，这句话被很多人信奉为亲子关系的金句。但我们该给予孩子什么样的陪伴？走出中央公园时，我把原本握在手心里的手机装进了包里。腾出了两只手去抱涵,又用两只手拽紧他的手臂从高处跳下来。事实告诉我,没有了手机束缚的双手是可以带给孩子更多新奇尝试的。

环球旅行结束后,我开始重新为自己规划每天的时间,哪一部分是属于自己的,哪些是属于涵的,哪些是属于我和涵爸的。放下手机,用心享受和涵在一起的每一分钟,这是我在纽约得到的最大收获。

涵经历过很多次玩具被同龄小朋友抢跑,或者滑滑梯被挤到后面的尴尬事情。我知道他迟早是要独自面对这些处境的,既然在娘胎中他没有学会攻击,那至少要在生活里学会保护自己。很明显,在性格外向的孩子面前,他总是有意的躲闪,他开口讲话后在无意中告诉我:『涵不喜欢抢。』简单的五个字是他在生命之初对周围人的首次分类,说得更直白些,他不喜欢和那些抢他玩具的人做朋友。有时候我觉得他孤独,但看着他和他喜欢的孩子在一起开心地大笑时,我在想,他已经为自己选好了圈子,他的孤独仅仅是我的想象。

 *Book* 谢谢你陪我走世界 149

巴塞罗那·你的镜头里，有一个美美的我

收拾行李的列表上，在涵的那一页，清晰地写着"小相机"。

那是2007年涵爸送我的生日礼物，一个在当时最大屏、最轻薄、最高像素的数码相机。我喜欢拍照，拍我看到的所有标志性的、有意思的事物，比如，在北京鼓楼的一条没名儿的胡同里，一个大杂院的门口，一根晾衣绳拴在两根电线杆中间，绳上挂着小孩子的尿褯子，我抵御不过这样的画面，会用相机将它永远地定格住。因为那是我们每天都在过着的生活。那些年，那个卡片机跟着我去了很多地方，它帮我记录了很多日后的回忆。后来，一代代的iPhone取代了它。它几乎是被封存在了重要的抽屉，明知它不会再有"翻身变主力"的机会，但寄托过感情的物件是不可能被时间取代的。

涵六个月时，家里的玩具多得已经需要一个独立的空间来填充，不管家里人给他买多少益智类的玩具，我都坚持认为，任何一件玩具都没有实物好玩儿，而我们拒绝将实物给孩子的原因，是他们存在着无可限量的破坏力。

被封存起来的小数码相机应该算是涵收到的第一件二手数码礼品，屏幕可以亮，按键可以按，视频可以看，他的手还没有足够的抓物力，但却偏偏对此物不肯放手，指尖用力地抠住，如果有人试图从他的手里拿走，他立刻会用咆哮的哭声和你进行一轮谈判。无疑，这就是他至爱的玩具，只有五六厘米的小手奋力地按下快门键，SD卡里留下的永远是没有焦点的影像。

外人眼里，那是垃圾废片。

但我却把这些废片导到电脑里，建了个文件夹，取名"Alexander Rodchenko·涵"。

Alexander Rodchenko（亚历山大·罗钦可）是 19 世纪欧洲很出名的抽象派摄影师。我觉得涵的作品配得上和这个名字联系起来。

涵的成长是伴随着"咔咔"声一起长大的。我从中得出的经验是，现在的数码产品大多都经得起摔打。我的卡片机被涵从各个角度摔了 N 多次，但依然完好，所有功能未减。而我意外收获的却是一个小 baby 记录这个世界的完美一面。

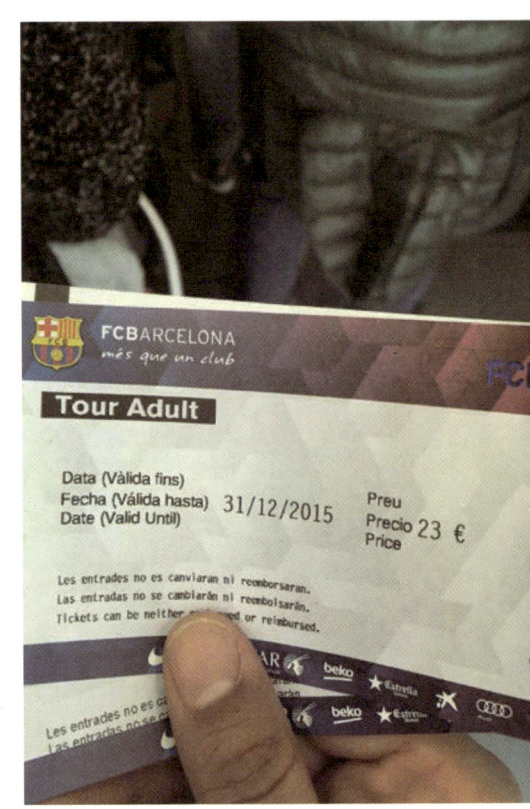

涵的成长是伴随着『咔咔』声一起长大的。我从中得出的经验是，现在的数码产品大多都经得起摔打。我的卡片机被涵从各个角度摔了N多次，但依然完好，所有功能未减。而我意外收获的却是一个小baby记录这个世界的完美一面。

每个成年人都做过重回婴儿期的梦，但对于没有生过孩子的人来说，那是痴心妄想；有了涵，看着他，就像看到了自己的小时候。即便还是有那么多的问题被问号串联着，但一些疑惑了30年的问题竟然在他的啼哭或零笑点的白痴笑中破解了。就像涵在他婴儿期留下的那些照片，让模糊变成了这个世界上最美的画面。

环游世界的路上，涵有卡片机陪着。他用他对美的判断记录风景，和我。他拿相机的样子酷毙了——本来就小小一只的他，习惯性地半蹲，端着胳膊，手举过头顶，眯着眼睛，嘴里数着"123走你"，然后"咔嚓"一下。他的连贯性动作会惹得路人停下脚步，站在一旁看笑。

4月的前半个月，我们逗留在欧洲。从亚欧大陆交界的土耳其到大西洋最东端的葡萄牙，看过了雅典、圣托里尼、罗马、卡塔尼亚、马赛之后，邮轮停靠在了西班牙的巴塞罗那。一趟环球之旅走下来，我想我是爱上了巴塞罗那，爱上了那个被埋在圣家族大教堂下面的高迪，爱上了那座城市的夕阳和晚霞。

涵说他也爱巴塞罗那，因为那里有一个"北工大球场"。

在北京的每个周末，涵爸和我都会带着涵去位于北四环的北京工业大学，学校的两个400米跑道操场都会免费开放，学生们喜欢在草地茂盛的那一场踢球、慢跑。而另一片草坪是斑驳的枯草，那400米的空场是我们仨每周的私有空间，没人打扰。涵还不会走路的时候，就是在那里爬，后来，他会走了，用11厘米的小脚结结实实地踩过草坪上的每一方寸。在他的心里，这个世界上但凡有草坪的地方，就是"北工大操场"。

而此时，我们身处在位于巴塞罗那西北端的诺坎普球场。这是全世界巴萨迷梦寐以求的地方。可涵不悔改地叫它"北工大"。

进入内场的游客首先要进入看台区，找个极佳的位置给涵拍照。这时候，被一个稚嫩的声音牵引过去——那是一个看起来只有五六岁的小男孩，双手捧着一个有重量感的单反相机，他需要通过小小的取景器来捕捉画面，每拍完一张，都会发出一声惊叹："So cool！"

我与他大概只有1分钟同在看台的时间，擦肩而过的时间不过5秒钟。但就在这短得可以数秒的时长里，我清晰地听到了"1、2, Smile"的声音。我拉着涵，眼神舍不得从这个小男孩的身上离开。他认真地看着相机，他的妈妈站在距离他大概3米远的看台边问他："你把妈妈拍得美吗？"他自信地用有起伏的声调答："Of course！"

他扭过身，发现另一处更好的取景地，兴奋地跑过去，大声叫妈妈，像一个经验丰富的摄影师一样避开了光逆的影响，他们的笑总是充满了真诚的感染力。

我始终相信孩子从进入我的子宫的那一刻起，便是能够感受到有感染力的事情的。一直上蹿下跳的涵拉着我的手，安静地陪着我看完了这部真实得可以打动人的"小电影"。当电影里的主人公消失在画面里时，似乎涵才回过神，他从我的包里拿走了他的相机，他又开始东倒西歪地拍，而让我感到意外的是，这一次，他模仿着小哥哥的样子，要我出现在他的画面里，他距

 *Book* 谢谢你陪我走世界

离我至少 5 米远，我根本无法知晓这个只有两岁半的臭小子会不会把我框进他的镜头里，但我仍对着他微笑。

那是抑制不住的笑。

后半程的旅行，我拍了很多照片，涵和我达成了一个默契——每当我给他拍过照的地方，我们都会互换场地，他也要给我留下"到此一游"的纪念。那些都是不能去 PS（图像处理）的珍贵作品，是他眼中的完美妈妈。后来，在纽约时代广场的台阶上、在通往洛杉矶机场的高速路上、在穿过大西洋的海上、在加勒比海域、在邮轮通过巴拿马的运河河道边……涵都留下了他的影像记录。

他拍得越来越清晰，可我还是喜欢叫他"Alexander Rodchenko·涵"。也许未来他真的可以成为一个摄影师，或者就是个摄影器材爱好者，但这些都不重要。这个世界上没有人是天生的摄影师，而孩子的眼睛捕捉到的美没有技巧的痕迹，也是这个世界最初的样子。我在这些图片里看到了自己渴望知

晓的童年。

我和涵爸说，等儿子18岁的时候，咱俩送他一份礼物——把他留在镜头里的这些人、这些景冲洗出来，给他办个影展。这应该是一个特别酷的成年礼吧！

雅典·如果你也会成为一个琴童

从雅典登船前的最后十分钟,我在港口给涵寄出了一张明信片,以纪念他用那双 15 厘米的小脚登顶卫城的壮举。两岁半的涵俯瞰过卫城这件事,足以成为他早恋时和他女朋友炫耀的谈资,我用上百张照片和一长段视频记录了他手脚并用往上爬的过程,但在整理照片的时候,拍摄在卫城脚下的一张照片让我聆听到了自己的沉默。

从停车场走到卫城山脚下是一段坑坑洼洼不规则的石头路。很久以来,我们习惯了小心翼翼地低着头走路,只有在有山的地方才会抬头,看看山有多高,天有多蓝。我推着涵的大轮推车,颠颠簸簸地走在路上,心里盘算着要不要放弃这一站的行程。那是一个需要冲破纠结来决断的决定,而伴随着纠结的是一段《土耳其进行曲》在欧洲潮湿的空气中飘荡。

声音越来越近,在石头路边,拥着七八个人,小提琴的声音从人群的缝隙中传出来。小孩子也是有看热闹兴趣的。坐在婴儿车的涵回过身说:"妈妈,涵想看里面。"我们停下来,围观的人给涵这个小观众腾出了一点空间——演奏《土耳其进行曲》的是一对父子。地上的琴盒里零散地扔着几枚硬币和两张纸币。小男孩看样子有十一二岁,上身穿着一件能抵御欧洲湿冷空气的冲锋服,而下半身却配着一条西裤和与他年龄不符的正装皮鞋;爸爸的打扮更简单,深色夹克、牛仔裤外加一双白色运动鞋。靠近他们一点,可以清楚地看到,这对父子的脸上始终洋溢着专业演员登上大舞台的微笑。

欢快的节奏让涵试图站在推车里以欢笑来呼应,那是他在音乐中找到的

嬉戏和狂欢。当他的笑声和音乐声融为天籁时，演奏的父亲却在猝不及防中将这份完美的和谐中止。他迈上一步，从裤兜里掏出一张被折过3折的乐谱，指给小男孩看。显然，小男孩在刚才演奏过程中拉错了音，但在外行人听来，这对音乐的完整性没有丝毫的影响，反而是父亲的"打断"会让事情变得尴尬。

此时，小男孩的脸上写满了羞涩和歉意，他深深地给在场的观众鞠了一躬。起身后，回头朝着爸爸给了个眼神，音乐声再次响起。所有人都站在原地，没有交流，没有动作，我好想给这对父子的严谨和认真报以掌声，可是在那一刻，一切声响都抵不过以同样认真的态度回报他们的演奏。

那是我第一次完整地听完《土耳其进行曲》，曲毕，所有人都鼓起了掌。涵模仿着大人的动作，站在推车里用力地击掌。我蹲下身扶着他，他不耐烦地说："妈妈不扶，快鼓掌！"我猜不透这个只有两岁半的小孩儿双手击掌的真实原因究竟是什么——也许那只是一次简单不过的动作模仿，或者是他被那上千个连接起来的音符彻底打动了，这两种可能性都是有的，我很确定，他一定猜不到我被感动的原因，因为他无法理解"专注的热爱"是这个世界上特别美好的一件事。

　　环游世界回来之后，给一本杂志的公众号专门写过旅行途中遇到的这个桥段，这已经是第二次落笔记录这件事，也被很多人问过，怎么会那么敏感地为一对卖艺父子打动成这样？而这，和我曾经是个琴童有着直接关系。

　　我有一段与钢琴为伴的童年。上世纪90年代初，从未在工作之余接过私活的爸爸为了给我买一架价值5500块的星海115钢琴，破天荒地跨过了他自己那条底线。小时候，他总在周末的午饭时间给我讲他经历的童年——自然灾害、挨饿受冻、插队下农村……然而，这些称得上是"灾难"的经历并没有让爸爸将自己的理想埋没，他天生有一副好嗓子，唱过《沙家浜》，后来和中央乐团的专业声乐老师学了声乐；他喜欢摄影，"单反毁三代"的流行语在20年前就被我们家印证了，长枪短炮的胶片单反相机镜头占据了一个抽屉；他小时候没吃过山珍海味，可但凡好味道进了他的口，我就能在餐桌上尝到同等级的佳肴。

至于钢琴，现在看来，这是藏在这个陪我一起长大的男人心里的隐隐的痛。爸爸寄希望于我可以为他的歌声演奏，《我的太阳》、《桑塔露齐亚》、《冰凉的小手》，我听着他唱这些经典的意大利歌剧长大，却至今没有将他的希望变成现实。

把童年里4年的时间留给学琴，每个周末坐车去位于和平里中央乐团的宿舍，从每一个学钢琴的孩子第一本接触的乐谱"拜耳"和"汤普森"开始学起。每天晚上拖拖拉拉地写完作品，然后无精打采地坐在琴凳上，弹着连自己都不爱听的那些断断续续的乐曲，到了周末再去上课，被老师一顿臭骂，再在原有的曲谱上写下"复习"两个字。

那周而复始的四年是我最痛苦的童年，也是在那段时间，我学会了对爸爸妈妈撒谎，寒暑假一个人在家，明明是一个琴键都没有碰过，却大言不惭地告诉他们："我弹了4个小时！"好多次，听着楼下小伙伴的嬉戏笑声，我都想冲出房间告诉爸妈，"如果我能有把斧子，我一定会砸烂这架破钢琴！"

可你不要以为小朋友都是混不吝的小混蛋，那时候我就知道那句话的杀伤力，所以它被压在我心底，直到20多年后的今天才在书里写出来，这种长时间压抑的是我对亲人感情的保护，这种强烈的保护在我还不到10岁的20多年前就清晰地存在着。

这么说，真的不是为了得到一句"善良、懂事"的评价，我想说的是，我妥协坚持的那四年是出于对家人的爱，而爸爸冲破底线给我斥巨资买回的这架钢琴，是他在努力把最好的童年留给我的真实写照，这更是爱。爱，在这个世界上是最无罪的感情，可我们为什么爱得那么谨小慎微？

若干年后，即便他深爱着音乐，并且坦诚地说出他对"父唱女弹"组合

的完美勾画，可我还是借由初中课业繁重的理由放弃了。

或许，这是 50 后与 80 后相对固定的相处模式，最后的结果是双方都背负着责备与自责。涵出生后，爸爸升级做了姥爷，他拿出了自己压箱底的家当，一台被"雪藏"了快 40 年的小提琴，爸爸说把这宝贝留给涵，在钢琴和小提琴中由涵自由选择。可是一个迷你 baby 怎么会明白这台琴的厚重，他把它当成了他的大玩具，经常拿着各种材质的球砸向小提琴，我上前制止，却清晰地听得一句"就让他玩儿吧！"

也许，这是 50 后的隔代人对 10 后的臭小子无法言说的爱，可是，我宁愿相信，爸爸是在试图培养我成为他的合作者的过程中，有过无数次的自我说服替我说出放弃。作为一个不成功的琴童之父，他有反思。我做出这个肯定判断的依据源自他和涵的一次无心的对话。

那时候，涵还不会说出成句的话，只能用最直接的点头和摇头和外界交流，站在电子琴边，他先是用小手一个键、一个键地按响琴键，然后开始一双小手胡乱按，最后还不过瘾，索性甩掉拖鞋，扶着小凳子站上放琴的桌子上，两只脚交替地在琴键上又踩又跺。姥爷把涵抱下来，没有丝毫责怪地说："现在太小,再大一点姥爷陪你一起去学琴,不让你一个人寂寞地练琴,咱爷俩一起弹。"涵听懂了这句话,拽着姥爷的手去触碰琴键,潜台词是,以后咱俩就这么弹。

爸爸说的那句话里连半个我都没出现,但这句话暖到了我心里,小时候经历过的那份孤独他终于懂了;但同时,这话也击中了我内心的脆弱,他那个未被实现的梦只能一直沉睡着。

不知道涵的未来会不会成为一个琴童,可在音乐这条路上,我想,有了童年的经历,我不会成为随波逐流的妈妈。假使涵真的爱上了乐器,我会真如姥爷给予他的承诺那样,陪他走回这条充满艰辛的音乐之路上。就像我们在卫城脚下看到的那对演艺着《土耳其进行曲》的卖艺父子一样,我会和他一同带着对艺术的崇敬,严谨地对待每一个音符。

如果真有那一天,说不定我会带着涵重返雅典,将看到的这一幕复制在相同的地点——一对中国母子站在卫城脚下演奏一曲,想想这也是件太酷的事情了!

我从钱包里掏出 2 枚 2 欧的硬币,递给涵,示意他放到琴箱里。他已经是一个有小心思的小屁孩儿了,有点儿抠门儿的知道了"钱是好东西,攥在他手里的就是他的,不可以给别人",果然,他把硬币攥住手心里,小手变

成了一个小拳头。我拉着他的拳头,走到演奏男孩的身旁,把攥成小拳头的小手递到大哥哥的手上,"吧嗒",两个硬币落在男孩的掌心,他蹲下身,轻轻地拥抱了涵。那一刻我像爱涵一样地爱这个小男孩,他那个隆重的拥抱让我无需再用过多的言语向两岁半的小朋友解释,什么是人与人之间的相互尊重和感激。

牙买加·一条内裤,两个世界

牙买加有个叫奥乔里奥斯的地方,特别小。小到几乎没有亚洲人知道。

那是一个港口,也有机场,要是想从北京飞到奥乔里奥斯,直飞是妄想,转一次机都是不可能实现的,我粗略地计算了下,飞行时间要达到30小时。因为各种不便利,所以那里几乎寻不到中国人的影子。

如果不是搭乘邮轮这种交通工具,就算涵长到18岁,我也想不到将那里锁定为我们的旅行目的地。没有期待地抵港,没有做半点攻略,不是偷懒,而是搜遍了整个百度,能查的信息也只有一个"邓恩河瀑布"。将一个目的地的全部希望寄托在一个景点绝对是一件冒险事,特别是在牙买加这种小众国家,整个国家只有三样东西最出名:蓝山咖啡、雷鬼乐和飞人博尔特。

我去邓恩河瀑布之前只了解两件事——第一,从瀑布倾泻而下的水直接汇入的是加勒比海;第二,这是世界上唯一一个可以攀爬的瀑布,需要我买一双专业的防滑攀爬鞋。装备备齐了,站在岸边,看着那些多是来自纽约、华盛顿、迈阿密的北美东部游客手拉手、肩并肩喊着口号在水中逆流而上,再低头看看拽着我一根手指头的、还不到1米高的涵,我在心里说:"即便你是小勇士,我也没胆量带着你涉水上行。"

我们每个人的童年都是不知深浅的,30年前,我如此;30年后,涵如此。
他站在岸上,自行甩掉了鞋子,脱掉了袜子,扭着屁股蹭掉了裤子,我看他时,他正在试图脱掉T恤,我上前制止,他央求我下水。曾经看到过一句话,大海和孩子,万古演化中的一个瞬间,强烈的反差,奇特的和谐。这句话在那一刻瞬间闪现,眼前流过的虽是瀑布水,但最终它还是汇入大海的。既然它与他之间有着天然的和谐,那我还有什么去阻止这份和谐的理由?

　　抱着他,沿着垂直的梯子小心翼翼地下到水里,尽管那里地处热带,可刚入水的瞬间,水温于体温也仍有超过想象的反差。"刺骨感"言过其实,但"刺激感"绝不夸张。我的身体渐渐适应了水温,怀里抱着涵始终蜷着脚,伴随我发出的每一句感叹,他回馈的都是一声接一声地尖叫。我双手架住他的腋下,一点一点地让他的小脚接触到水面,涵将他婴儿期的欢笑声留在这里。每一次举与落,每一次落再起,都会引来很多目光。

　　我的确做了一件冒险的事,那些和涵差不多大的孩子都站在岸边,看着他们的爸爸妈妈在水里的狂欢。那个瞬间我的心是傲慢的,我渴望在外人眼中看到他们对我和涵勇气的赏识。

　　陪着涵一起笑,而且是大笑,那是一种人来疯的笑。我们总说孩子都是人来疯,可这种"疯"一旦遇到了一个可以爆发的点,不要说孩子,任何人都是不受控制的。一边和他戏水,一边接受旁观周围人投来的目光。

　　可是,你猜不到我余光里出现的竟是什么——十几个在瀑布中向上攀爬的人,齐刷刷地回着头,他们各自以皱眉、摇头、撇嘴、低语等一系列鄙视的眼神盯着我。活了30年,从未有过这样的经历,那是一种被当众羞辱的感觉,并且是在我不知原因的情况下。

身处异乡，我没有胆量抓住他们要个说法，胆怯又无辜地抱着涵回到岸边。涵仍在肆意地笑，那是跳跃的笑声。我真想也像他那样，过滤掉周遭留在我俩身上的鄙夷，可我做不到视而不见，再过几年，他也一定做不到。

就在我困在迷惑中时，一个比涵大一点的牙买加当地小姑娘走过来，对涵上下打量了好几番；涵见到黑人小朋友先是本能地往后躲了一下，然后对她满头的小辫儿充满了好奇，上前去摸。小姑娘迅速躲到我身边，她闪着明亮的眼睛，清楚地问我："他怎么可

以不穿内裤？"

这是一个让我醍醐灌顶的提问，我哑口无言。于是我瞬间找到了几分钟前遭了白眼、受了冷遇的根源。忙着和小姑娘道了歉，又道了谢，赶忙把涵刚才自己蹭掉的内裤给他套上。再次抱他下水，那天瀑布是他的游戏场，他没有半点儿恐惧地在水里和陌生人打水仗；他要我把他扔进水里，哪怕被呛到，被扶起来也仍是一条好汉；他拉着我光着小脚随着人潮一直往上爬……他铁了心要在这条邓恩河瀑布里留下壮举，而此时，相助于我们左右的是一群友善的人。他们用"big man"称赞涵，纷纷拿着相机为这个中国小男孩噼里啪啦地按下快门，那真的是 big man 才能得到的礼遇。

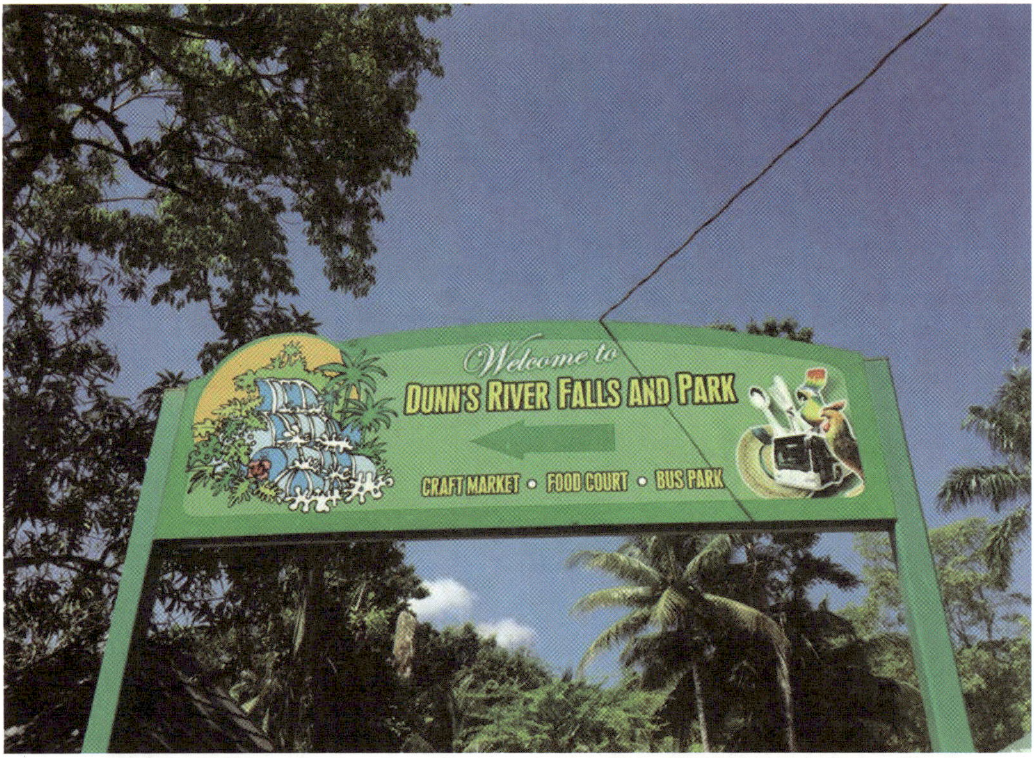
Welcome to
DUNN'S RIVER FALLS AND PARK
CRAFT MARKET • FOOD COURT • BUS PARK

RI LANKA

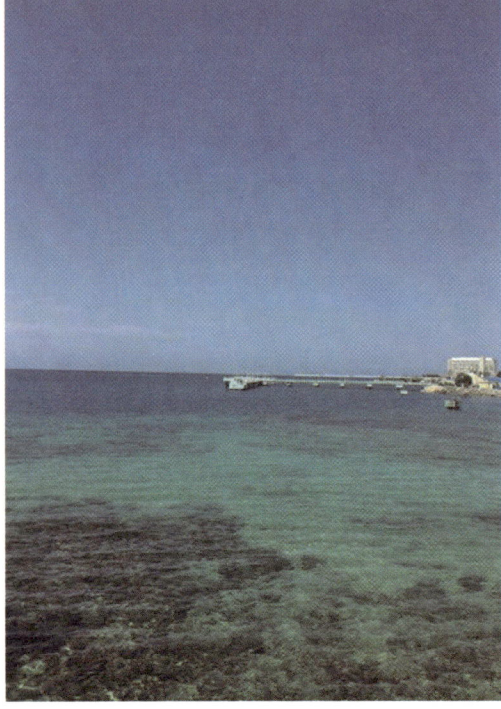

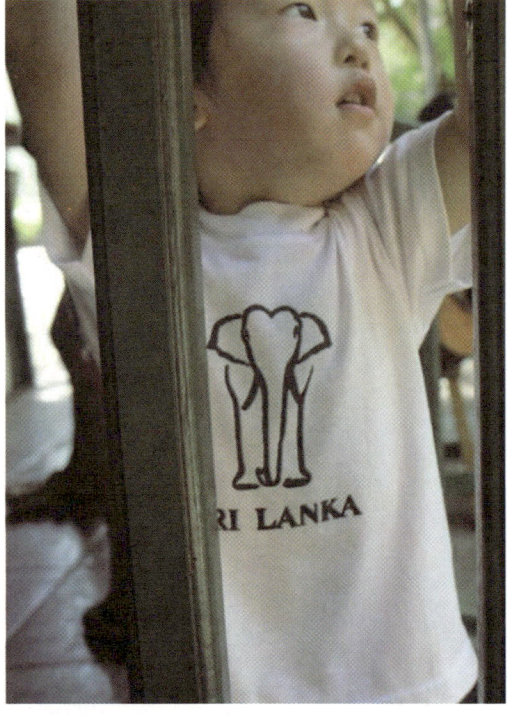

我从来没想过内裤是可以为我们赢得尊重的。可这本该是一个最基础、最浅显的道理，只是我们在习惯中生活得太久了，已经忘了道理的存在。

外国人永远理解不了"开裆裤"被发明的意义。而我们都是穿着开裆裤长大的，若干年后结婚生子，继续

给孩子们穿上开裆裤，就像一种世世代代的传承，恒久不变。也从未想过要为了什么去改变这种传统，可在这汇入加勒比海的水中，我的心出现过一道疤。可是如果没有这道疤痕，我永远也不会意识到这种尊重的必要。

每一个小孩子的生殖器和私密处都是他们最该保守的秘密，这个秘密只属于他们自己，即便我们是给予他们生命的人，也无权让他们的秘密公之于众。涵在浑然不知的时候，穿过我亲手为他剪开裤裆的开裆裤上街玩耍，已经发生的再也没有翻盘的机会，但如果未来他会有个妹妹或者弟弟，我一定把最完备的保护和尊重给到那个小生命。让她生来就和我们一样平等地面对这个世界。

谢谢你，牙买加，奥乔里奥斯，邓恩河瀑布，以及那些给过我白眼和鄙视目光的人们。

越南·他们的笑晃到了我的眼睛

我不爱越南，却爱越南两个渐行渐远的背影。

越南有个小城叫头顿。距离胡志明市很近，然而两者的发达程度却相差甚远。要说胡志明根本也谈不上发达，但毕竟是首都，很多游客为了去看全世界最有名的邮局，并从那里寄出一张明信片慕名而来，总之，胡志明比头顿要强太多。头顿，最多算得上中国四五线城市，用"镇"来形容这里很合适。和陌生人一起租了车，这就相当于报了一个旅游团，车上除了司机，还配有一个祖籍是广西的越南导游。当被告知这一天的行程安排就是去逛头顿最有名的三个景点时，我心里开始盘算，该怎样带着涵打发掉这无聊的一天。

抵达第一个景点后，团友们纷纷下车，兴奋地去拜佛祈福，涵的腿没有迈进门，头探进去看了看，即刻转身走人。我问他去哪儿？他说，溜达。

在攻略上看到，头顿的治安很是问题。握在手里的 iPhone 很容易被路上骑着摩托的人直接抢走，警力有限，对此束手无策。旅行途中，当我们对目的地的安全多了一些戒备时，那个地方的美就被打了折扣。这是我在游走了 20 多个国家之后总结出的心得。正因如此，拉着涵压马路都变成了一件小心翼翼的事儿。

走走停停，头顿的路难寻到平坦的，很多都是坑坑绊绊的石子路，这正符合涵的口味，他不时地捡起一颗，然后像是赏宝专家一样去鉴赏，再然后握在手里，走不了 50 米，小手心里已经攥满了一把石子。走到路口遇上红灯，和我们同时等着通过的是两个看起来约莫六七岁的小男孩，他们应该是同学，穿着一样的白色 T 恤，推着一辆 26 的自行车。变灯了，小哥俩儿因为个子矮小吃力地够着脚蹬。骑到马路中间时，突然跳下车，推着车跑步穿过了路口。我拉着涵紧随其后，涵小腿紧倒，边跑边问"我们去哪儿？"这是个让我没办法回答的深奥问题。"完蛋了，车坏了。"涵用这六个字精准地概括出了"跳车"哥哥遇到的问题。此时，他俩正蹲下身子为自行车排查故障。捏了干瘪的车胎后，似乎也没有把我和涵视为可以帮助他们的对象，索性将车架支好，一屁股坐在了路边的马路牙子上。涵站在距离他们大概只有 3 米远的地方，可他们根本顾不上看近处的小弟弟，清澈的眼睛里只有对方。两个孩子说着让我无法破解的话，他们也许是在回忆刚刚发生的一件有意思的事情，笑容留在他们的脸上直晃眼睛；也有可能是件不怎么开心的事儿，因为他俩偶尔会模仿成熟男人间谈话的惯用坐姿——即便席地而坐，也要跷起二郎腿，满脸严肃地向对方诉说着什么。

有时候，被关注的往往就是被我们忽略的。低头看涵，他立正于原地，目光呆呆地停在两个小哥哥的身上，眼神里流露的不仅有好奇，还有渴求和羡慕。时间是会定格的，他们在聊，涵在看，这一幕持续了好久。后来两个孩子站起身，推着与他们身高不符的自行车，留下两个背影，越来越远。涵用"追"这个字扯着身

子拉着我往前走,我抱起他站在原地。那一刻我想我是走进了他的世界了,当清澈的眼睛见到了清澈的人和情景时,这种清澈是极容易打动人的;涵的眼神泄露了他的心,他一定是羡慕极了那两个像兄弟一样的哥哥,遇到的这一幕,让涵对于未来终会被他拥有的"哥们儿情谊"有了预期与期待。两个已经消失在远方的背影,对于涵有着一丝远去的忧伤和遗憾,对于我却幻化成了对头顿这座城市最美的回忆。若干年后,如果我会回到这座破破旧旧的"小县城",唯一的理由只会是期待再次看到这里的孩子们那晃眼的、有光芒的纯真笑容。

Book 谢谢你陪我走世界

土耳其·那个险些丧命的小男孩

涵过马路的时候成心伸着小手,我拉他,他甩我,最后我俩生拉硬拽地过了那条马路。站在路边,我打了他两个手板,他挣脱开,小腿紧迈地往前跑,我迈大步子去追他,始终和他保持着一米之内的距离。然后把他拉住,蹲下身和他求和。

这是发生在涵刚过了三岁生日时的一件小事。我拿出来讲,是因为我曾在环球旅行时,在土耳其的马尔马里斯受到的那次惊吓。

拉着涵从马儿马尔斯中心区的邮局走出来,往邮筒里投进了我寄给他的欧洲首站明信片,拐弯便进了一家超市。涵自己挑选了一些零食,这里的收银台有三处,仅靠我们的那一台正在结账的是一个当地妈妈带着一个看起来没有涵大的小男孩。妈妈买了很多新鲜蔬菜和牛奶,小男孩手里攥着一个小汽车形状的巧克力糖,妈妈已经用表情拒绝了儿子的要求,完成交易后,她从孩子手里夺过糖,又塞进收银员的手里,一手拎着东西,另一只手把小男孩拖出了超市。

涵出了超市,要求坐进婴儿车里,我抱他上车时,刚才那对母子就站在我们身边。妈妈的脸比欧洲的天还阴沉,她用极快的语速和儿子说着什么。小男孩的哭声越来越大,引得过路人无不回望。妈妈转身离开,径直走,头一下也不回。孩子站在原地,然后坐下,最后露着半截腰躺在地上,蹬着腿哭。时间就这么在刺耳的哭声中流过了,当我再张望小男孩的妈妈时,她已经离开了我的视线。

忍不住上前把还不知情的小男孩扶起来，他不会英语，我不会土耳其语，我示意他去追妈妈，他闭着眼睛只哭不动。就在这时，坐在婴儿车的涵大喊一声："你妈妈没了！"孩子和孩子的同类性是我们成年人永远不能明白的秘密。小男孩在听到涵的一声叫嚷后，睁开眼一边哭一边上前追，我推着涵紧随其后，先是跑过了一个路口，我们继续跑。临近第二个路口时，手里拎着购物袋的妈妈终于出现了。她依然没有停下脚步，尽管她的孩子在用全世界都可以听懂的"妈妈"在大声地叫她。

确定了妈妈没丢的事实也许让小男孩很开心，或者有点激动。他像即将冲刺的小运动员一样跑过路口追赶妈妈。可就在这一瞬间，一个比哭声刺耳一万倍的刹车声让我尖叫起来——那么小的孩子怎么会知道过马路要讲的规则？但他拒绝不了已经到来的恐惧，他坐在地上哭着叫妈妈。司机从车上跑下来，那是他的好运，更是孩子的好运，一切都是有惊无险。

妈妈跑过来，抱起孩子，她被司机凝重的表情和强硬的语气谴责着，默默地走了。小男孩儿主动拉了下妈妈的手，就好像什

涵在车里叫妈妈，他问我刚才发生了什么？

我语塞，然后蹲下身去抱他。

他依然在寻找答案："小弟弟的妈妈又要他了是吗？"

我点头。

"那以后涵追妈妈，妈妈还要涵吗？"

"涵涵不用追妈妈，妈妈一直追着涵跑，这样你开不开心？"

他终于笑了。他被刚才急刹车的那一幕吓得目瞪口呆，或许他刚问过我的那个问题是两岁半来问得最尖锐、最深奥的问题，幸好最终得到了一个让他放心的答案。

我真的被这件事吓到了。后来不管涵在外面和我发生了怎样的争执，不管他如何想甩掉我的掌心去达到他的目的，我都绝不会放手。从我怀上涵，就一直在向西方的育儿教育学习，让他早早地断掉夜奶、让他独自睡觉、让他不抢别人东西、让他把"谢谢"和"对不起"挂在嘴边，然后再要求自己做个洒脱的妈，至少尽可能少的丧失自己，至少可以不把孩子当作生命的全部，至少把该立的规矩和界限都很清晰化地列出来。我不止一次地在国外的育儿书中看到，在外面哭闹的孩子，家长是可以用漠视来对待的。换句话说，哭就让他哭，好言相劝在那一刻被视为纵容。

可我庆幸我对涵所保有的那份"纵容"。姑且不说社会秩序和安全保障的问题，只说在路口发生的有惊无险的那一幕，我真的不敢放开他的手，让他遭受到因"不纵容"而带来的灾难。

在我的成长过程中，经历的是从小被保护、被呵护，甚至有一点被溺爱。如今我有了涵，我确定自己是比父母那一代更为理智地对待着我生命中的这个小生命。但我依然忍不住用中国传统式的保护、呵护和那一点溺爱来对待我的儿子。在当妈的这件事上，我没察觉地让自己成了一个矛盾体，即便再有力的事实证明，欧美人以他们的"规则和界限"教育出的孩子是独立的、勤奋的、丰满的、正义的，可我还是想给予涵最该得到的保护。

在马尔马里斯听到的那个急促的刹车声惊扰过我的梦。我不该去假设惨剧的场面，可又忍不住吓唬自己。我是该感谢那惊悚一幕的发生，它像一个警钟一直摇摆在我的心里，它让我知道，有时候不该放手才是父母给予孩子的爱的界限。

欧洲·那些帅爸爸们

自从涵会走，每次带他出门，但凡有爸爸陪着，我都在干着搬运工和摄影师的活儿——背着拎着大包小包，走在他俩身后，看着大头爸爸抱着或者领着大头儿子，听他俩的对话；有时候我们仨并排走，涵在中间，见到井盖和减速带会把自己当成Peter.Han，我和爸爸架着他的双臂让他飞过去。

涵快到三岁的那段时间，爸爸成了他最好的哥们儿，陪他爬梯子跳高、在草坪上推跟头打滚；爸爸也是他心里的英雄，两个人都迷恋极品飞车和各种电动游戏，涵通关受阻的时候就会找爸爸相助。平时我带他在家，他会突然说：涵想爸爸了，给爸爸打个电话，问他加不加班。我心里萌生醋意，心说，你这个白眼儿狼，每天吃喝拉撒睡你爸都不管，还天天追着他！

但当了妈之后，很多气不能撒出来，只能憋在心里，待时间去消化，或者发生了一件别人看来不值得一提的小事，比如儿子亲了我一口，或者说了句"妈妈爱我、我爱妈妈"之类的暖话，我就会被感动得不得了。

前不久的一天，在整理书里要用到的图片时，突然发现自己在欧洲拍了很多特别有型的男人，法国马赛、意大利罗马、葡萄牙里斯本还有希腊雅典。如果不是把这些男人的图片单拎出来看，就找不到它们的相同点——这些型男都是爸爸的身份，与他们共同出现在镜头里的还有一个甚至几个孩子的身影。

找出这些照片的那天天气特别好，坐在公司楼下的咖啡厅里，周围人吃

着午饭喝着咖啡,我对着电脑屏幕看着这几张照片发呆了一个中午。突然想起怀涵的时候,一个男"同志"和我说:"亲,等你儿子出生了,把他借我用半天儿。我把自己打扮得有型有体的,然后再把他搂在怀里去三里屯溜一圈,拍个照发个微博朋友圈肯定能得满屏赞。"我回他:"你不用我儿子做道具,也够妖娆了。"他摸着我肚子说:"抱孩子的男人才是最加分的啊……"

涵已过了三岁,男"同志"的心愿将难以在涵的世界里实现,但他不经意的一句话却解释了我的镜头里出现的这些帅爸爸的理由。有孩子做陪衬,男人的颜值真的会瞬间提升。但我们需要先解决的一个问题是,爸爸怎样才

能让孩子和谐地和你在一起。

在马赛的街头,一个爸爸席地而坐搂着他的三个孩子安静地欣赏着卖艺人的行为艺术,他不时地亲吻一下孩子们的头发,然后喃语几句。过路的行人驻足于此都在拍卖艺者,我却将镜头对向了那个坐拥三个孩子的男人。

在距离里斯本几十公里的辛特拉城堡,从我身边经过的一个高挑的男人以深邃的眼神望着这座历经了八个世纪的古迹,他的手始终拉着一个看起来两三岁的小姑娘,他与她之间没有一语交流,女孩的嘴里叼着一个安抚奶嘴。不少游客都在回望这个用奶嘴堵住嘴巴的孩子,可那一刻我觉得那幅画面简直比辛特拉这座皇室避暑胜地还要美上一万倍。他们在这山峦起伏,宫殿、城堡和别墅一碧连天之中,在人文景观与自然风光糅合得天衣无缝之中,在拜伦眼中的伊甸园里,相互陪伴几个小时。这是会在生命中静止的时间,即便过上若干年女儿嫁为人妻,这一刻的美也会留在她的心里。

在罗马时,我们租了一辆车来安排一天的行程。从奇维塔韦基亚码头到罗马的一路上,司机用意大利人的热情、奔放向我们介绍着这座城市里数不尽的骄傲。每到一个景点都会约好返回的时间。此前一直听说,意大利人的时间观念不强,失约

或者晚点都是常有的事。有了常用百科的提醒，也有了晚点回车的底气。可当我们比约定时间晚了40分钟回到车上时，司机突然咆哮起来，他手指腕表，一再地强调迟到了，一再地追问为什么不遵守规则，为什么那么自私……旅行过了一半，迟到的事情发生过几次，但从未面对过如此过激的司机。如果事情的发生地在德国，我们可以理解。可这里是意大利啊，全世界都知道你们是没有时间观念的一群人，怎么竟会如此不通人情？上了车，我坐在他的后面，他提示副驾系好安全带，车飞驰在返回奇维塔韦基亚港口的路上，他再没来时的那份热情，我侧个身透过前风挡玻璃看刺眼的夕阳之光，我的眼睛被晃出了眼泪，再睁开眼时，却在驾驶位上方的遮光板处看到了一张孩子无邪的笑脸。小心地向司机打探，他终于回复了平静地与我们对话。他把女儿的照片放在车里，只要他抬一下眼皮就可以看到的地方，他说早上出门时答应她，是要去接她放学的，所以他在每一站都一再地强调时间，一再地催促，但我们迟到的这40分钟却让他对女儿失约了。心里对这个刚刚还发飙的男人好感激增，恨不得去拥抱这样的男人，以此向他道个最真诚、最愧疚、最无地自容的歉意。

　　欧洲男人有着先天的高颜值资本，这是蛊惑很多人爱上他们的原因。我也爱他们，爱欧洲的那些帅翻帅翻的爸爸们。他们散发在孩子身上的那份爱，让他们成了一个有温度的男人，当高大威猛的爸爸与娇小柔弱的宝贝在一起时，内心的阳刚与坚不可摧是对他们最恰当的赞美。

　　涵已经到了调皮捣蛋的年纪，各种伎俩日日施展，他耍着小聪明地学会

了试探和得寸进尺，心里盘算着每个人的底线和上线。显然，爸爸是家里最没底线的人，摸爬滚打是他俩习以为常的游戏，所有秘密都是和爸爸共同建立起来的，每一个全新的惊险体验都是爸爸陪着完成的……为此在一个涵熟睡的夜里，我忍不住和爸爸发飙，一连串谴责的理由对着他开炮，他一句不应、一语不答，待我安静下来拍了我的头一下，说："亲爱的，我从没有有意让你当恶人，也知道自己对他有纵容的嫌疑，可是你让我对着一个小孩儿耍威风，我做不到！我最看不起的不是男人穷、没本事，哪怕吃喝嫖赌，这些都是他个人的事。可我最看不得一个大男人对着一个小孩子大喊大叫，纵使这个孩子犯了错，你就用你的高大去恐吓他，这是什么人？我想给涵一个安全的成长环境，你对他的管教我不插手，并且表示支持,但如果有一天我的巴掌落在了你和他的身上,我觉得我就是一个最失败的人……"

我已无话可说,并且气消一半。

也许他是对的——在孩子的成长中,我们一再被告知爸爸陪伴的重要性,但这件事实现起来特别难。一来爸爸们都忙,二来接受爸爸的孩子们太少。我是该为我的家庭亲子关系感到开心吧,如果以涵和爸爸的关系来看,我真的该开心!

后来涵爸总会当着涵的面送我喜欢的礼物,涵问原因,爸爸说:"因为妈妈辛苦地生了你,每天陪着你,妈妈很辛苦,涵涵要和爸爸一起爱妈妈。"这个颜值不高的男人说的话效力太大,自此涵常在我耳边说:"妈妈,我和爸爸都爱你,涵长大了也给妈妈买礼物!"

在涵还没有出月子的时候,小小的他睡在大大的爸爸身边,他搂着儿子,那一刻被我定格下来,我发了微博,说:"世界上有两个男人,给我全世界我也不换!"三年过去了,这句话每天都在我的心里念着。

Book 谢谢你陪我走世界

普吉岛·如果没有我，你也很好

旅行回来后，身边好多人习惯性地问涵："去了那么多地方，你最喜欢哪儿？"涵每次的答案都一样："普吉岛。"得到答案的人们脸上堆满了失望，他们在怀疑这个号称用 15 厘米小脚丈量过世界的小男孩儿是不是真的见识过这个世界。涵被质疑过几次后，他反而更加坚定地告诉我："妈妈，涵就是喜欢普吉岛，为什么他们非要涵说出其他的地方？"

我真的没有能力还给他一个理由，但心清醒极了——我不要让他在那么小的年纪明白太多成年人心里藏着的"鬼胎"。他还不需要用世界地图上那些拗口的、鲜为人知的地名来为自己在旅行履历上撑起面子，因此他每一次表达对普吉岛的喜欢时，都是纯粹得没有任何一点点杂质的。

2015年夏天，北京经历了一段长时间的高温天气。那本是一个平常的夜晚，窗外热浪没有因为消退的阳光而减弱，房间里亮着一盏微弱的灯，涵躺在床上，他不知厌倦地重复回忆着发生在旅行途中的那些事和遇到的那些人。对他来说，不到 3 岁的生命里出现的每一个人，从陌生到知道对方的名字，这件简单得让我们习以为常的事情，在他的世界却是件要不断重复的重大事件。

我闭着眼听他讲着那些已经谙熟于心的事，不期待惊喜的发生，只当是他的睡前前奏。但他突然顿住，在微微地光下坐起身，转向我，目光凝聚地盯着我，开口说："妈妈，你知道涵为什么喜欢普吉岛吗？"

我一下子来了精神，坦白说，这也是藏在我心里的一个不解之谜。之所以没有向他求解，是不敢寄希望于小小的他能给我答案。

"妈妈，涵记得在普吉岛的那个海边，那个路边有吃的，两边都有……那个，涵看见一个大哥哥，他就说'呦吼哦'（玉米哦）、'呦吼哦'，涵喜欢他，涵以后也像大哥哥那样叫，然后挣钱给妈花……"他还是不能把故事讲得连贯又栩栩如生，但我好想坐在床上为他热烈地鼓掌，然后用力地拥抱他。

涵讲的故事原版是这样的——

在普吉岛最繁华的芭东区，街一边是售卖各种商品的小店，临近沙滩的一边都是推车卖当地美食的小摊贩，我们先是在小店铺里买了一些当地的纪念品，然后又在路对面给涵买了烤玉米。卖玉米的摊主是一个看起来只有十三四岁的男孩儿，他像模像样地在人群中吆喝着自家买卖，可毕竟是孩子，眼神中还有难掩的稚嫩，不时地望向街对面的一间泰式按摩门脸店铺。等玉米的时候和他用很简单的英语闲聊了几句，得知他的父母主营那家按摩店，家里的烧烤生意由他打理，就算遇到了难事，也是一条街的距离就可解决。他放弃了学业，做着可以糊口的生意。至于未来会是怎样的光景，没有人能给出答案，也许他就是在复制着父母曾经走过的路。但如果以一个小商贩的标准来评价他，他竟如此称职。

离开的时候，涵啃着玉米和大哥哥说拜拜，然后又问了我好多关于大哥哥的问题，什么他的爸爸妈妈呢？他可以不上学，涵可不可以也不上幼儿园？他赚了钱给谁花之类……那些问题早已在我的脑子里模糊了，可我没有想到，涵竟然因为一条街上的一个小摊主，迷恋上了这个城市。他心里还有好多关

于这里饱满的信息，他在家时不时充当商贩叫卖、兜售玩具的出处也终于在那个晚上找到了答案。

涵睡实了，我关上门给涵爸讲起了刚才发生的事情。然后等着他发表意见，或者对儿子大家赞赏，可他抱着电脑，输入了一串关键词，显示器上弹出一段视频——

故事的发生地也是在泰国，一对相依为命的母女，母亲不识字，以贩售现切水果为生。有一天放学，小女孩在自家水果摊车前，望着同学围着冰棒摊，人手一根凤梨冰棒吃着，母亲低头看着碗里那几枚少得可怜的铜板；夜里在知了声中女儿熟睡，妈妈突发奇想把凤梨切成冰棒的样子，塞入冰桶中。第二天小姑娘放学后，开心吃着妈妈特制的"凤梨冰棒"并满脸幸福，随便说了句"也许可以拿来卖"。她学着妈妈的样子制作冰棒，然后挂着冰桶走进了传统的市场低声叫卖，直到保温箱里的冰块都化成了水，她也没卖出一根。

妈妈要她再回到市场，"去看看叔叔、阿姨是怎么做生意的。"妈妈偷偷跟随其后，见她似有所获地离开，回家用蜡笔手绘了DM（直接邮寄）广告，还写上买2送1的促销，"1根5泰铢、3根10泰铢"。凤梨冰棒热销，单车的铃声一响，小客人随即蜂拥而上，母亲推着水果摊欣慰地看着。妈妈看着女儿自己找到了解答又付诸了行动，在回家途中，她在心里说："哪天要是我不在她身边，我相信，她也会很好。"

当年的那个小女孩，如今已经长大成年，并且已完成大学学业，与母亲开心地在毕业典礼上合影。

在普吉岛遇到的那个小男孩让我相信视频故事的真实性。作为父母，我们习惯了以规则性的成长来给予孩子生存的安全感，大多数 70 后、80 后的一代都是被灌输只有好好学习考上好大学才能有好工作，有了好工作才能有好生活。后来，我们的生活中出现了违背这一规律的很多人，再后来越来越多反叛成功人士的传奇经历被挖出来，我们才相信生活中存在着特别多意想不到的可能性。

作为一个前卫有限的妈，自然不希望涵的成长过于反叛，我依然渴望他会成为高才生，学业事业一路顺畅，可当视频里那个不识字的母亲看着女儿欣慰的笑容，以及那句"哪天要是我不在她身边，我相信，她也会很好"的字幕弹出时，似乎有一扇门在我面前打开了，我知道生命中还有那么多要去传递给涵的东西，好在他才那么小，我还有那么多的时间慢慢教给他。

他念念不忘普吉岛，念念不忘着在芭东街上不断响起的小哥哥的叫卖声。他说他要把自己赚来的钱给妈花，给妈买好吃的。我满足得已经醉了，等我清醒过来，我也会在生活中教会他"如果没有我，你也很好"的本领。

邮轮·在家攒德行，出门就不散德行

我们总说孩子都是人来疯，这话不假，十个孩子，九个半都是人来疯。但还有个事实，成年人一直不肯承认——我们小时候的人来疯毛病，在为人父为人母后，这"疯病"还没好。很多中国爸妈教育孩子都有个习惯，人越多越管教，管教的声音和力度与围观人数呈正比，这是一种沿袭了几代人的教育方式。

在飞往三亚的飞机上，在搭乘2000多名游客的邮轮上，孩子的哭声与大人的吼声此起彼伏。讲其中一个印象深刻的故事。

邮轮航行到第四天的上午，大部分游客都在船头船尾的甲板上参加着各种娱乐活动。汉堡吧台在自助餐厅门口，人们排着不规整的队在等热乎乎的薯条盛入盘中。这时候在靠近外甲板的桌边突然传来了一个孩子响亮的哭声，本在空地上爬行的涵闻声而起，我紧跟其后。小姑娘看起来和涵差不多大，涵从人群中钻进去凑热闹。

小姑娘的哭声持续了足有七八分钟，涵站在一米外的安全距离陪了七八分钟。就在所有人等待哭声停止的时候，一只厚实的大手悬空又落下，"啪"的一声拍在了小女孩儿的后背。我被这一巴掌着实吓呆了，涵站在原地扭过身，本能地躲了一下，好像挨打的孩子是他。孩子的哭声瞬间停止，她战战兢兢的眼神里写满了委屈和惊恐。接下来便是一个男人的怒吼声。

担心刚刚发生的那一幕在涵的心里留下阴影，我弯腰抱他准备离开，可一万个没想到的事情发生了——涵推开我，径直走到小姑娘身边，轻轻地、轻轻地拭

去了还挂在她脸上的泪水。站在涵的身后，我又忍不住哭红了眼，说不清是为小女孩的委屈感到心酸，还是被涵的友善感到欣慰，我忍不住去搂两个孩子。这时候，小姑娘的妈妈走过来告诉我，那天是女儿两岁的生日，她因为在船上没能吃到蛋糕无理取闹，最后惹怒了爸爸。

在这个妈妈面前，我只适合做一个倾听者，用无奈的微笑与她进行对话。

傍晚时分，陪着涵在邮轮顶层的篮球场里追赶着球、肆意地笑，脑海中突然又闪现出小姑娘恐惧的眼神——这种强烈的对比让我心里一揪，与孩子的相处不可仅讲情，更不能只讲理。涵也是个"人来疯"的小孩儿，我接受他在人前的"疯"，因为我知道30年前我也和他一样。可接受不代表纵容，对涵的管教只能发生在家里，这是我对自己的要求。

"在家攒德行，出门就不散德行。"我一直听着这句话长大。说这话的人是我生命中最爱的姥姥，她看到3岁时的我在一家商场门口为了一块手帕和妈妈吵架撒泼打滚的那一幕后，把这句忠告送给她的女儿，有谁会想到，我7岁时，姥姥就离开我们，她的忠告如今也深深地烙在了我的心里，成为我作为妈妈的一条准则。

卡塔尼亚·是时候让我们一起成长了

发生在卡塔尼亚的故事很短,尽管这里有站在月球上可以看到的埃特纳火山,这里是"教父"的领地,这里有着西西里岛的安详,可涵却错过了这个城市。

距离卡塔尼亚还有一个晚上的时间,再三犹豫着第二天的行程——要不要带涵去埃特纳火山看一看。这是个严肃的问题,因为我对于火山顶上的情况只略知一二,据说这火山已经有60万年了,可至今常年无休。最近一次喷发是在2003年,岩浆飙了10米高,烟柱燃红了半边天,岩浆流出2公里。姥姥在前一晚和船员聊天时还听到了更"写实"的说法,说是火山口的风有十级,像涵这种体重还没到30斤的孩子上去,说不准会被吹跑。有了这样的难辨真伪的疑虑,第二天一早,船靠岸后,我独自走出了船舱。

一个人闲逛在美丽的卡塔尼亚,被西西里岛清晨的风吹乱了头发,看到了这座城市的朝霞,见识了罕见的巴洛克艺术之城的魅力,像背包客一样,在地图上画了很多个圈,那些都是我想去的地方。可唯独没有火山口,原因是独自旅行不敢去冒险,如果真像听说的那样,孩子会被吹跑,估计成年人也不太容易扛住。

曾有多元文化在卡塔尼亚融合,给这里镌刻上了不同时期的印迹。步行来到大教堂广场和圣阿加塔大教堂,这是整座城最中心的地方了。走进教堂,心心念念的嘈杂一瞬消失了。虔诚的基督教徒宁静地坐在里面,纵使陌生人从身边走过,也不会抬一下眼皮。他们执着于内心的另一个自己,期待的,或者需要忘记的,都是他们生活中不能缺失的一份安详。

如果说教堂是我的梦境，那重新回到广场似乎重返了人间。迎着阳光和陌生人挤坐在石阶上，看人来人往的脚步，抬头仰望卡塔尼亚的天，却记起了有人对这里的描述——走进这座小城就好像走进阿拉伯童话《一千零一夜》，极尽富贵堂皇的靡靡风格。这种说法真的极为精准，拜占庭人、古罗马人、诺曼底人都在这里经历过历史的更迭，也都在这里留下时代的建筑，上面刻着不同朝代的印记。古希腊剧场、古罗马浴场、中世纪教堂和古城堡都是卡塔尼亚变迁的证据。

而眼下，我就坐在这繁复的历史中，感叹读书太少，也不懂意大利语，因为那一刻我发现卡塔尼亚印入了我的心里，这是对一个陌生城市难得又可贵的爱，它让我想去陷入其中去了解它。

坐在我身边的人来了走，走了来，留下一个微笑或是一脸冷漠都是正常的。有了孩子的女人对每一个孩子都是敏感的，当我身边坐下了两个小人儿时（大的四五岁，小的两三岁），全部的注意力都汇聚到他们身上。孩子们的妈妈举着两个冰激凌走过来。意大利出名的不仅有pizza，还有冰激凌。他俩各分得一支。弟弟吃了一口自己的，然后扭头去舔哥哥的。哥哥抬手加扭身的护食动作，将弟弟手里的冰激凌打翻在地。"完蛋了，俩孩子的灾难来了。"我心里说。

设想的画面是，弟弟哭叫，哥哥不忿，妈妈斥责，然后弟弟的哭泣会随着一支新的冰激凌的到来而终止。可是，当真实的画面一一上演后，我替弟弟纠在心里的惋惜实在显得多余——首先，弟弟没哭，耸了下肩尴尬地看了看妈妈，伸手要东西；其次，哥哥没有不忿，真诚地对弟弟说了句什么，我猜是sorry；最后，妈妈没有斥责，只是遗憾地看着无辜的弟弟，然后递给他一包纸巾的时候，也递给他一个安抚的拥抱。弟弟和妈妈蹲下身一起收拾着冰激凌的残局，哥哥吃得慢条斯理，最后留半个给弟弟。整件事就这么安静地结束了，就像什么都没发生过一样。

这件事像是在我心里安了家，稳稳地特别牢固。我知道，如果同样的情节发生在我和涵之间，他会哭，我会闹，最后就是一顿数落，但以涵的认错作为事情的终点。有时候，面对涵的失控我时常想，为什么他不能成为一个性格平和的小孩子？答案在卡塔尼亚找到了，因为他没有一个平和的妈妈。

　　在涵长大的过程中，我总是忍不住对他的成长抱有预期。要他身体好、性格好、心情好，一切都好。和每一个妈妈一样，我们都在努力给予孩子最好的世界，可是，却忘了让自己变得一天比一天好。涵开始说话后，时常和我说起他在婴儿期经历过的事情，有几次我被吓到，为什么他半岁时坐盆洗澡被呛到的事情还记得？为什么他会对一岁时因疯狂扔遥控器而被打手板的事情记忆犹新？还有我在他尚不会表达的时候对他说过的话都会一字不差地重复出来，并且语气都是一样的……

　　这就是他的成长，被我覆盖上了我的影子，然后被他重复。

　　和涵爸说过，涵可以不读名校，不出类拔萃，没有大作为，但不管怎样，都希望他可以成为一个儒雅的、平和的、幽默的男人。现在看，与其用这三点来寄希望于他，不如说这是该给自己的寄托。如果说我是要在涵的成长中填补我自身的遗憾，那么现在，已经到了我和他一起长大的时候了。

Book 谢谢你陪我走世界

邮轮·31岁时结识的绿绿妈

环球邮轮走下来，我们有一半的时间是在邮轮上度过的。这是搭载着近千人的一艘船，几乎每个人都会把船舱当成家，毕竟是要把生命中85个睡眠留在这里的。生活在船上的人也依然遵从着在陆地时的秉性，用时间和直觉和周围人交朋友，然后在一起聊家常，到了目的地再结伴出行。

刚上船不久，我的"朋友圈"就建立起来了，他们多是90后的媒体人，涵喜欢被他们轮着抱，喜欢听他们讲那些小孩子根本听不懂的段子，然后跟着我们一起傻笑。这些人后来成了我日常生活中的朋友。可在我和涵提前从洛杉矶飞回北京时，打开手机，我发出的第一条微信竟然是给船上一直被我称呼为"绿绿妈"的她。

她儿子叫绿绿，大名叫黄珈蓝，黄色和蓝色组合在一起便是绿。这种有鲜明特点的名字，会让人在直觉上就产生极大的好感。上船没两天涵就已经注意到了这个天天光着脚丫、上蹿下跳的哥哥。不管地板有多凉，就算我们已经到了不见阳光的寒冷的大西洋，绿依然不穿鞋，也不穿袜子。绿5岁生日是在船上过的，那天晚饭时他端着盛有一块蛋糕的盘子朝涵走过来，脸上挂着一丝害羞，把蛋糕放在桌上转头就跑了，涵没来得及和绿绿哥说句生日快乐；那之后的两天，我带着涵离开了邮轮，绿绿妈和我约好，"记得带涵来上海找我们，我也会带绿去北京找你和涵的。"

临下船前，面对分别，在一起生活了两个多月的人习惯把约定当成一种寒暄式的告别方式，这是回到家我才明白了的道理。可我说不清，为什么会在飞机降落北京后的第一时间给绿绿妈发去一条报平安的微信，尽管她看到信息时已经又过了好几天。

2015年秋天,我频繁地出差前往上海,那是绿绿一家生活的城市,每次我到了他们的城,必定会和绿绿妈见上一面。其实就是一餐的时间,然后用更多的倾听与诉说走进对方的世界。

沿着北半球的纬度绕了一圈,习惯了在不同的目的地发现当地妈妈和孩子之间的故事,对于国外的亲子关系不再是从前的道听途说,从此我有了自己的判断,推崇的或者质疑的。可当绿绿妈把她带着绿亲历川藏、云南的旅行生活讲给我听时,我发现我爱绿绿妈胜过了爱绿。她酷到了让我意想不到的惊讶。

绿从出生后的第44天开始了他的第一次短途旅行。3年多的时间里,他去过江苏、浙江、海南、福建、四川、云南和西藏。绿绿妈用"开朗乐观,独立坚强;极少生病,从不吃药"十六个字概括了绿的成长。

绿有一个神经大条、粗枝大叶、热爱行走的妈,喜欢像打包行李一样打包上他,随时来上一次说走就走的旅行。而走着走着,绿就不知不觉地长大了。

绿绿妈在生孩子以前,最大的恐惧就是有了孩子不能再自在畅快地行走。可是还没等她斗争好是不是要潇洒一辈子,孩子却突然不期而至。绿绿出生在春天,他迎来第一个夏末秋初的一天,绿绿妈抱着他在小区里散步,绿悄悄睡去。风轻轻的,

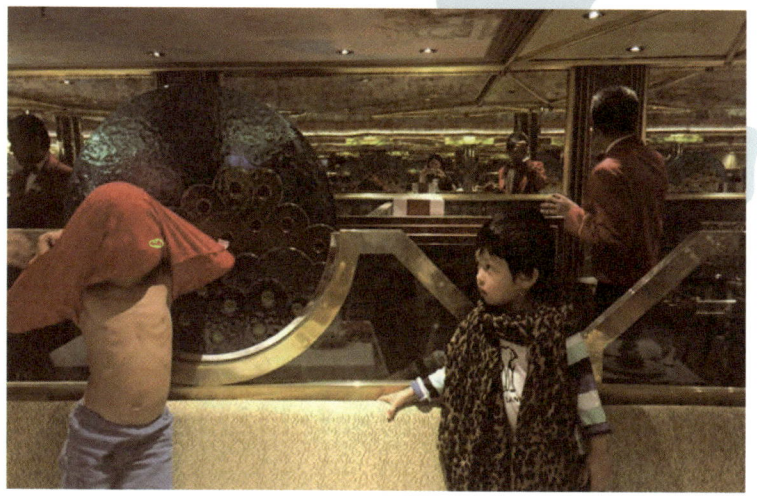

抱着怀里这个柔软的小小的人儿，那一刻，绿绿妈突然就懂得了什么是岁月静好，一颗心，安宁地别无所求，即使拿整个世界来换这一刻，也不甘愿。也是那一刻让她明白了以前追逐的名和利，是多么虚妄可笑。

第二天她用背巾把绿背到了秋霞圃，这算是绿生平第一次短途旅行。后来绿刚满五个月的时候，又被绿绿妈用背巾带去了苏州、杭州，都是当天来回。与其说是带绿去玩，倒不如说是绿绿妈在家里闷久了出去放放风。

绿在九个多月的时候自己学会了走路，当然这个阶段免不了在地上找点小垃圾往嘴里塞。绿绿妈依旧很教条地遵守了完全满足孩子口欲期的理论，一边看着绿往嘴里塞各种小垃圾，一边默念"我没看见、我没看见、我什么都没看见"，并且在"不干不净吃了没病"的基础上，自创了"吃到肚子里的都是疫苗"的自我催眠的理论。

绿的口欲期还没结束，跟着妈妈参加大学同学聚会的时候发展到了极端。召集聚会的同学在部队工作，于是大家在部队定点饭店吃饭。绿绿妈顾不上绿，他就一个人坐在地上吃面条。一开始还算正常，用手抓着往嘴里塞，再后来，他就趴在地上用嘴吸掉在地上的面条。那是老式饭店特有的肮脏油腻已经黑得看不出原来红色的地毯，绿绿妈一忍再忍，终于勉强忍住了恶心反胃的感觉，继续自我催眠："是他在吃又不是我在吃，关我什么事，眼不见为净。"一扭头继续绿吃绿的，绿绿妈聊绿绿妈的了。

神奇的是从一开始绿就没有因为吃各种小垃圾而闹过肚子，于是后来他拿洗澡水当白水喝这些事，就简直算不上什么事儿了。那一晚之后，绿绿妈对所谓"脏"的容忍度已经达到了一种全新的境界，以至于连手都懒得给绿洗了。随口问他一句洗不洗手，只要他说不洗，绿绿妈就乐得顺水推舟，所以绿常常一天也不洗一次手。

鉴于此，什么苍蝇馆子的碗筷瓢勺就更不在话下了。一岁以后，早七点到晚七点，绿基本混迹于上海各个公园和儿童乐园，三餐都是便利店、小吃店，有什么吃什么，基本忽视垃圾食品这个概念。当然根本原因是绿绿妈不会做饭也不爱做饭。

这绝对算得上是一种粗糙的生活方式，但绿在旅行中却极少生病，即便生病也极快恢复。因为绿绿妈从来没给过绿脏乱差的概念，所以他在艰苦的环境中也依旧自如。

绿绿妈一直相信孩子的概念都是成年人赋予的，她很注意地不用负面的方式来评价一件事情，比如，这个地方很脏，这个人很坏，等等。她会尽量让孩子自己去感受和体会，如果一定要表达，会说，这个地方有点不怎么干净之类；至于人格方面，她则绝不评价。

每个人眼里的世界都是不同的，我们的心已经蒙尘，我们的目光已经不再清澈，那么，就把这个世界本来的模样还给孩子，让他们自己去触摸吧。

绿 21 个月的时候第一次坐飞机，目的地是三亚，他果然坐不住，在地上滚来滚去。三亚的气候很舒服，本来打算每天带绿在海边玩玩沙子就好了，结果绿绿妈按捺不住第一次到三亚的好奇心，还每天去景点。那种久违了的旅途中的惬意扑面而来，她很开心，绿也很开心，她突然明白："我并不需要放弃自己的爱好，也没有人要求我放弃自己的爱好，我可以带着孩子，我们一起感受这个世界。"

绿快两岁时，妈妈最好的朋友在成都举行婚礼，于是便有了一个很好的去成都的理由。这次四川之行共九天，成都五晚。为了给绿洗澡，绿妈特意找了个有浴缸的宾馆，这在成都还有点困难。当时怎么也想不到三个月后，绿已经可以像成年人一样站着洗淋浴了，孩子的成长真是惊人啊。

成都有很多公园，公园里的儿童游乐设施远胜上海。每天带着绿逛公园，绿绿妈发现成

Book 谢谢你陪我走世界 221

都人带孩子明显比上海粗糙。游乐场里，很少家长跟在后面亦步亦趋，孩子也比上海的看上去皮实。她喜欢这种氛围，除了逛公园，就是带绿和老同学聚会。绿还不耐烦在餐桌上吃很长时间，吃一会儿就自己去玩儿了，她坐在餐椅上，只好一直拿眼睛瞅着，绿也不走很远，颇能自得其乐的样子。

婚礼过后，绿跟着妈飞去九寨沟。每次坐飞机到高原，绿绿妈都会有些不舒服的感觉，还好随身携带红景天，并不十分难受。她对绿有没有高原反应并没有十分的把握，只是知道自己没事。最初单独带绿旅行，绿绿妈选的都是她熟悉的地方，厦门、成都、九寨沟，她要确保自己不会有事，这样才能谈得上照顾孩子。

这是绿绿妈第三次来九寨沟，长海积雪未融，十分美丽。绿在宾馆前的广场上奔跑，在景区玩雪玩水玩落叶，在牟尼沟骑马，还自己去牵缰绳。离开城市，来到大自然里，一切是那样生机勃勃，这才是更适合他的地方。

为了躲避上海的酷暑，八月，他们来到云南。八年前绿绿妈因为工作的缘故去过昆明、大理和丽江，不过都是惊鸿一瞥，没有留下什么深刻的印象。她的计划是在云南玩一个月，从昆明一路玩到丽江，再从丽江飞回上海。

这次出行他们没有再订酒店，而是一路住的客栈。昆明的客栈是一栋复式房里的一间房间，绿第一次住的时候有点奇怪，也有点新鲜。在乃古石林的时候，绿拿妈妈的手机看视频，不肯去玩，绿绿妈一度很不爽地说"我们是来玩的，不是来看手机的"之类的话，那个时候，她还是不能适应孩子的节奏，需要孩子来配合她的速度。然而也就是那天，她和绿坐在空无一人的观景台上，看着脚下的石林，四周如此寂静，绿脱了鞋欢快地跑着，笑声流淌在天地之间，突然就明白了，让孩子掌握自己的时间，这才是孩子所能拥有的最大的自由。无论风景还是手机，都是孩子自己的选择。

绿妈也常听到人说，孩子这么小，带他去什么地方也记不住，不如等他大点再带他出去玩。可绿绿妈坦诚地告诉自己："带着孩子出去玩，首先是因为我自己爱玩。然而天高地远，无论走到哪里，我都希望我的人生轨迹里能有那个小小的身影。"

因为爱，不可分离。

转眼到了2012年11月，绿绿两岁半了，他们又一次去了云南，原本的计划是住一个月，结果一住就是两个月。依然是先飞到昆明。冬天的昆明有着一道最迷人的风景，就是千万只越

冬的红嘴鸥。凡是红嘴鸥聚集的地方,海埂、翠湖、大观楼等地,都有卖鸥粮和面包的。胆大点的红嘴鸥会飞到你手上来啄食;如果把面包扔向空中,红嘴鸥会一掠而过,衔走面包,姿态甚是优美。

绿很喜欢喂红嘴鸥,最多的一次绿绿妈买了五六十块钱的面包,让他喂了个够。她说自己很少去想,为什么要旅行,为什么要去这里或者去那里,就像爱一个人,如果要想出一百个理由来说服自己去爱他,那么这种爱必定不是真正的爱。她似乎从未觉得带着孩子四处行走是一件苦事,只觉得满足而幸福。成人的快乐沉积在心里,孩子的快乐化成笑声回荡在山谷,那是一种显而易见的快乐,那让她更加确定,这是他们两个人内心的需要和选择。

绿从来没接受过刻意的锻炼,只是在他不想穿衣、不想洗手、不想睡觉、不想做任何事的时候从不被妈妈勉强,绿听到最多的一句话,就是"你可以自己决定"。可以自己做主的孩子,不需要用身体来撒心里憋着的那股子气。别人总夸绿身体好,绿绿妈总说:"心情好,身体好!"

在云南的元阳有一群哈尼族孩子,没上学的都不会说普通话。绿时常和客栈里的一个哈尼女孩玩,两个人语言不通,却不妨碍他们每天疯在一起。他们用长条板凳搭成各自的家,躺在地上打滚。哈尼村子的条件极差,比后来他们去的藏族村子还要差很多,他们必须冒雨赶一个多小时的中巴车才能到镇上买上棒棒糖。这里的孩子看到游客会要钱,要不到钱会向你要糖。绿和妈妈去镇上,总要称几斤棒棒糖带回村子。绿绿妈说她无法为这些孩子做得更多,只希望他们也能偶尔感受到甜蜜的味道。

他们在元阳的日子主要生活在天台上，绿会拿着彩笔在水泥地上画大地画；有时妈妈抱着绿坐在摇椅上，一边哼着自编的童谣，一边看暴雨后的漫天烟霞。还有些时候，他们在底楼的餐厅，绿绿妈抱着电脑看《唐顿庄园》，绿用 IPTV 看《托马斯和他的朋友们》。到了饭点，绿就要一碗米线，主厨的奶奶已经不再问绿今天吃什么，而只问他是吃汤米线还是炒米线，绿因此得了一个"米线王子"的雅号。绿会站在窗台上看雨，看小鸡、小猪和火鸭恣意地在雨里走来走去；偶尔雨停的间隙，他们便跟着哈尼阿娘穿过云海去田埂上挖野菜，田埂极滑，绿掉到水田里自己爬出来，光溜溜地走过高高的水渠回到客栈。绿会和哈尼孩子在一窝猪身旁玩石头，也会看大孩子们拿竹竿捅马蜂窝。他们在悬崖边看日落，眼前云霞嫣红；脚下梯田碧波，耳边笑声烂漫，那一刻，便永远留在了心底。

在元阳，有一件让绿绿妈极其难忘的事。一天傍晚，她和绿从水渠边上回客栈，对面三个男孩走过来，大的七八岁，小的两三岁。小的那个失足掉进了近两米深的水渠，立刻，一个大男孩跳下水渠，使劲儿把小男孩往上托，另一个大男孩就在上面使劲儿把小男孩拽上去。这时又来了几个五到八岁年龄不等的女孩，一个女孩立刻跨过水渠抱起正在大哭的小男孩，一个女孩去叫小男孩的妈妈，还有一个女孩提醒绿不要让他掉下去。绿绿妈忙乱地从包里掏出一个酒精棉递过去，那个女孩先用纸巾擦干净小男孩满头的血，再用酒精棉按住出血点，等到男孩妈妈赶到的时候，小男孩已经平静下来不哭了。面对整个突发事件，作为在场唯一的成年人，绿绿妈说她所做的只是递了一个酒精棉，而一群七八岁的孩子们，没有任何人组织和分工，不但独立处理完了所有的过程，还反过来照顾着绿。

她说她实在太惭愧了，我们总以为自己肩负着教育孩子的使命，而面对这些贫穷和自然里长大的孩子，她才明白，她能做的不过是让孩子看看这个世界。

后来他们又去了很多次云南，或者说绿绿的童年一半在上海，另一半都留在了云南。这一次，三岁的绿要和妈妈完成 16 天的滇藏之行。在丽江休整了一天，买上一大箱食物，他们租了一辆4500，司机扎西是香格里拉的，一路上跟绿绿妈讲了很多香格里拉导游宰客的故事，基本就是后来 CCTV 报道的升级版。他也讲自己宰客的经历，但是事实上他对这对母子很友善。绿很喜欢扎西叔叔，也喜欢一路上车上放的藏族歌，甚至还能唱上几句《高原红》。

最初动了去西藏的念头，是因为在元阳客栈结识的义工，二十岁左右的大学女生，给他们讲她去西藏的经历。到大理后，便陆陆续续买了一些冬衣，买了一些红景天。事实上西藏的夏天真的非常热，绿最多只在过垭口的时候穿一穿外套。

　　从香格里拉到德钦，再到盐井芒康竹卡左贡，西藏的景色确实和云南大不同。没有了云南的郁郁葱葱和山水灵动，有的是裸露的山石、暗绿的苔藓、气势磅礴的云和一座连一座望不到边际的大山。云南的美是彩云之南的流光溢彩，西藏的美则带着几许天际雄鹰般的绝望苍凉。

　　进西藏的第一晚，绿和妈妈住在左贡的一家小旅店里，绿因为在路上吹了风发起烧，烧得很厉害，极难得的一口东西没吃就睡了。一晚上不停地醒，第二天早上起来仍然有热度，流鼻涕，咳嗽，萎顿着没有什么精神。中午到邦达的时候，绿从车上下来，一步都不多走，原地坐着玩小汽车。有个小女孩过来和他一块儿玩，绿来了精神，俩人就在小饭店的门槛上挤来挤去地开车。

从那曲去纳木措，一路是高寒草原，公路直直地伸向地平线尽头，大片大片的云将天地连接在一起，青藏铁路穿梭而过，那种辽远壮阔的感觉，一直弥漫在心底。4700米的纳木措傍晚时候有点冷，吃完晚饭去湖边，夕阳将落。深蓝色的湖水、金黄色的沙滩、远处连绵的念青唐古拉山，美得让人生怕有片刻的错失。日未落，月已升，一对着婚纱礼服的恋人执手相对，湖水将两人身影倒映得梦幻迷离。

日喀则的扎什伦布寺是他们进入西藏后去的第一座寺庙，游客很多，却依然寂静庄严。漫步僧舍之间，恍惚竟有到了欧洲小镇的感觉，只觉每一片花瓣上都有时光漫漫。绿趴在地上，把每一条大路小路都当成他的车道，尽情享受在西藏自驾的感觉。

快到拉萨了，在湖边休息。绿绿妈用石头砸开在路上买的西瓜，绿捧着没吃几口，就去湖边玩了。几分钟之后，突然有铃铛的声音，只见不知从哪里平地多出来上百头牛，最先到的几只正在大嚼他们的西瓜。绿和妈妈懵懵地看了一会牛山牛海，只好默默地离开了。

经历了16天的跋涉，他们真的到拉萨了，拉萨很繁荣，一副国际大都会的姿态；拉萨还很热，绿把袜子脱了光着脚走。夜晚的布达拉宫光影很美，绿绿妈随口唱了几句回到拉萨，绿竟然记住了，第二天自己一个人唱起来。

"西藏，我们真的来过了呢。"是绿绿妈在离开西藏时对绿说过的话。就是这样的一个与我性格迥异的孩子妈，竟然成了环球旅行后走进彼此内心的人。听她讲到"带着绿绿去旅行是因为我家里闷久了想出去放放风"时，我冲动得险些把插在兜里的两只手掏出来，原地为她的坦诚鼓掌。

环球旅行的路上，她一个人带绿上船，绿在船上闹过两次"失踪"事件。严重的那次已经惊动了船员，前台的小姑娘们有的打电话通报，有的从乘客系统里调出绿绿的照片打印，很多人都穿梭在这艘11层楼高的邮轮上，只为寻找这个叫绿的小男孩。后来，绿从KTV里跑出来，见到妈妈后一跃蹿上身，绿绿妈与绿低声对话，就像刚才紧张的情况没有存在过一样。只是谢了帮忙的人。

从邮轮回来，涵时常回忆绿，方式很独特。"涵也不穿袜子"，"涵也要跳下去"，"涵也要吃方便面"……这些都是他目睹着绿做过的事情。这两个性格截然不同的孩子，在共处的两个月里每天见面，都会害羞。涵在远处看到绿会激动地告诉我："绿绿哥在那儿。"可走过去却连招呼都不打。绿也是一样的腼腆，见到我总会问："涵呢？"可当我把涵领到他面前时，他要么蹿到高处，要么光着脚跑开。

我确定，这两个小孩儿的心里都记得彼此。尽管涵没去过上海，绿没来过北京。每当绿绿妈把绿的视频发给我时，我都会和涵一起看，涵看过一遍、五遍、十遍之后，就会开始模仿。在关岛的乐高玩具店，涵自己选了块手表，临走的时候，他跑回去又拿了一个，在被我拦截时，他清楚地说："要送给绿绿哥！"

我总会为这些不值得一提的小事感动到红了眼眶，也总在被问到"为什么带涵去环游世界"时，讲这些连不成情节的记忆碎片。我说不出旅行的意义究竟是什么，可眼下，它是存放在一个3岁小男孩心里的一种惦念，我该庆幸他是这么小的年纪就懂了世间存在着的这份感情。和绿绿妈的约定尚未兑现，真的太好奇绿和涵再次见面时，这两个小孩儿还会不会有稚嫩的害羞和腼腆在。

美国纽约

美国纽约

美国纽约

越南头顿

阿曼塞拉莱

中国香港

西班牙巴塞罗那

意大利罗马

希腊雅典

希腊雅典

希腊雅典

牙买加奥乔里奥斯

牙买加奥乔里奥斯

世界上有千万个物种，涵最爱熊猫，自从他会说话，他亲切地称呼它为『小熊猫弟』。在我们环球的路上，他的小熊猫弟陪着他一路走，一路玩儿。他像哥哥一样拥着它，抱着它。在涵的记忆里，这三年多的成长，小熊猫弟就是他弟弟，有他的地方就要有它相伴。

马尔代夫

马尔代夫

希腊圣托里尼

斯里兰卡科伦坡

葡萄牙里斯本

泰国普吉岛

泰国普吉岛

泰国普吉岛

我们

下了船以后的好几个月，我过得浑浑噩噩，先是以一场有着隆重仪式感的大病告别歌诗达大西洋邮轮，而后便是将原本井然有序的生活混淆得复杂难分。我知道，当我把特别多的记忆留在那艘船上时，心有所想的人和事都被附加上了浓浓的感情，若想与身体分开，定是一桩难事。手机里留下的8000多张照片在时刻提醒着我：这是一个美不胜收的世界，你走过它的时候，不仅身边有涵陪着，还有一群昔日的路人，来日的友人。

这是一篇出现在我的公众号里的文章，里面提到的每一个人都是平凡人，我们的生活因为这场环球旅行而有了交集。

踏上邮轮之前，就认识了住在 7250 房间的高颜值摄影师陈无极。他女朋友和我在同一个集团工作，一次偶然的机会，她知道我即将带着涵去环球，激动地跟我说："姐，我男朋友和你同一艘船，他是摄影师，你出书的封面交给他，让他给你拍！"

当天，我和陈无极被拉进一个群里，1990 年出生的他一直叫我"姐"。不知道为什么，从那天起，我就觉得和他那么近，我打心里把他当成我弟。

3 月 4 号，签证问题终于解决了，我带着涵赶到香港追上了船。当天晚上，我第一次去了他们的房间，7250。走进去的那一刻，我俩居然握了下手，然后他介绍我认识了他的同屋晓溪。印象模糊了，那天在他房间好像还有一个胖胖的小伙子，他就是后来给过涵涵无数次拥抱的瑭瑭，还有环球小姐叶子金。

我们没说什么寒暄的话，只是掏心窝子地说了一句："这俩月多咱们互相照应，有什么事儿就说话……"后来我就回屋了。

又过了几天，我带着涵和无极在邮轮二层的提香餐厅共进了一次午餐，这期间，我们每天在船上碰面,都是见他和晓溪扛着机器、背着设备的工作状态。晓溪比我认识的85后的男孩要成熟一些,他明确地知道自己要做什么,该做什么,但在外人眼里,他总是寡言。

在船上的日子过了20多天,有一天午饭时,涵看见了每天和无极、晓溪在一起的瑭瑭,在他的小世界里,他似乎明白——我认识陈无极,陈无极每天和瑭瑭在一起,那我是不是也该认识瑭瑭?于是,他拉着我说:"涵要找胖叔(瑭瑭)"。

"胖叔"是涵赋予瑭瑭的名字,从那天起,他就一直这么叫他。走到胖叔和无极、晓溪的桌前,他先是腼腆,然后不知道瑭瑭的哪一个动作刺激了涵,小朋友居然坐到了他的腿上,不过瘾,又要拉着他走,说要把姥姥介绍给他认识。我看着1米9的瑭瑭拉着1米高的涵走向餐厅的另一边,觉得他俩就是漫画里的人物。

但这个背影消失了足有半个小时。在这期间,姥姥火冒三丈,我和无极、晓溪找遍了9层自助餐厅的每个角落,甚至已经坐电梯到2层服务中心发布寻人启事。无极说:"瑭瑭昨天在赌场输了900美金,可别想不开,带着涵涵去跳海……"晓溪一个劲儿地打圆场。直到在9层观光电梯口看到这一大一小时,涵挥着小手原地跳,叫着:"妈妈妈妈,胖叔带涵敲门、敲门!"再看瑭瑭,眼镜片儿上都是哈气,他热得一直抖搂着衣服,给我们讲着那半小时里发生的事——涵邀请瑭瑭去我们房间,又没记清房间号,就让他胖叔带着他在8层的每个房间门口敲啊敲,每敲开一户,瑭瑭就跟人家说一声"对不起打扰了"。有了"失踪事件"之后,瑭瑭占据了涵心里很重要的位置。见面时俩人总是热情地打打招呼,有时候瑭瑭会把涵举过头顶,涵边乐边尖叫。

3月末的一天,船上安排了媒体晚宴,邀请卡上写着"正装出席",我给涵穿上了英式幽默品牌Paul Smith正装西服出席,电梯口遇到了世界环球小姐叶子金,她俯下身半搂着涵说:"你太帅了,做我小男朋友好不好?"涵眼睛都没眨一下,抬着头说了句"女朋友",就此他俩的关系就这么明确了。

从希腊雅典那一站开始,我带着涵和瑭瑭、无极、晓溪、叶子金开始了我们快乐玩耍的日子。

我们穿过了南海、孟加拉

湾、印度洋、索马里、爱琴海、大西洋、加勒比，绕到了太平洋，走过亚洲、欧洲、美洲，去了也许这辈子也不会再去的阿曼、亚速尔、牙买加。瑭瑭始终是我们的管家，每一笔花销都是他先支出，然后回来后，6个人再一起挤在他们的7244房间里掰扯那些钱，打开AirDrop互传当天的照片。

叶子金因为有"环球小姐"的身份，被我们亲切地叫成"小姐"。见不到叶子时我们常说："小姐呢？走！找小姐去！"船上的大爷大妈听着别扭，总给我们白眼儿，心说，一帮不正经的年轻人！

方婷是歌诗达船方的公关，她在船上与我们相处了一个月。而且我俩之间有一种超越常人的亲密感，和我同岁的她有一个比涵小一岁的儿子——诺诺。诺诺还没到两岁，却要和妈妈分开那么久。方婷第一次见涵，她笑得很纠结，她小声和我说："看着涵我就忍不住想诺诺，我真的太想他了。"那一刻，我的鼻子有点儿酸，我不忍去想，一个不到两岁的孩子和妈妈分开一个月，这是件多难接受的事。

方婷没有美国签证，只能在欧洲最后一站里斯本下船，前一晚，船上举办了一个为方婷准备的送别会。在10层餐厅，方婷华丽丽地登场，她一杯又一杯地喝酒，她几度哽咽地表示着对这艘船的不舍，当她走近我的时候，我悄悄对她说："我该恭喜你，终于能见到诺诺了。"

我知道从职场人的角度看，这是一句特别不专业的话，毕竟那是她的工作，但只有当了妈的人才知道，孩子对妈妈的需求是不能用专业的标准来评判的，而且她首先是个妈妈，她的儿子比任何人都需要她。说完那句话，我和方婷轻轻地拥抱了彼此。

船上的前台服务人员里，有个90后叫丹丹的小姑娘。我不知道她是从什么开始把涵当成自己小儿子的，但我知道她爱涵，是那种发自内心的爱。涵也爱她，每天上午涵都让姥姥带他去二层前台找丹丹，然后丹丹会带着他去卫生间、坐观光电梯。涵问："你能带涵去男卫生间吗？"丹丹摇头，涵自豪地说："涵能去，你不能去，因为涵有JJ……"她陪着涵在船上追跑打闹，把涵介绍给她的同事，她还每天奖励涵一个面包……下船的前一天晚上，丹丹在大堂陪涵玩儿到晚上10点，这个骨子里透出倔强又坚强的小姑娘，在那一晚一直闷闷的，搂着涵不停地自拍，不停地亲，她问我："小璐姐，等我下了船去北京找你们的时候，涵会不会忘了我？"我的眼泪哽在喉咙里，说不出话来。其实我知道，在这艘船上遇到的很多人，最终都会是彼此的过客，但丹丹对涵的那份爱，让我忍不住地把她当成"自己人"。她把和涵的自拍照设置成手机桌面，她要让船上的所有人知道，她有个小儿子叫涵。不知道她还要在海上漂泊多久，我只是一心期盼她的一切都好好的。

临下船的前5天，我突然失声，一个字都说不出来，沟通只能靠手机打字，从曼萨尼约回来的那天，瑭瑭买了当地的龙舌兰。我哑着嗓子去他们房间，本想去结算当天的花销，可是眼前的一幕惊爆了我的

眼睛——无极躺在船上蒙着被子抽泣着哭，晓溪搂着叶子哭作一团，瑭瑭红着眼睛坐在阳台的躺椅上喝下了一杯又一杯龙舌兰……那一刻我好想转头走人，我知道最害怕发生的一幕已经提前到来了——瑭瑭和小姐继续留在船上，而无极、晓溪和我归期将至。我们在一起共处了60个日夜，看过全世界的海，穿梭过那么多大街小巷，一起拍过那么多那么多的照片，原以为遥遥无期的海上生活，眼下就只能用小时来计算。我低头进屋坐上一壶水，想用方便面给他们解酒，也许是沸腾的热气蒸热了我的眼睛，我哑着嗓子哭得稀里哗啦……

那天晚上，只有我和瑭瑭是清醒的，无极、晓溪和小姐醉倒在一张床上，安顿好他们后，我回了房间，而瑭瑭在地上睡了一晚。第二天，他们为我和涵的书拍摄了封面和视频。又过了两天，晓溪的30岁生日在海上度过了。

2015年5月3号，无极和晓溪下船了；"小姐"到洛杉矶去找她的朋友了；瑭瑭暂时离开船10天，自驾走过了1号公路；送走了他们，我和涵并没有下船，我们把那最后一天的全部时间都留在了船上。第一季《中国好声音》的选手褚乔也在船上，虽然没有在目的地的同行经历，但就在我们相约北京见后，

后序

他在微信里发来了一条1分钟的语音,他用一首"祝你平安"作为第二天我离开的饯行之礼。

其实我一直没告诉他,2012年第一季《中国好声音》我看得特别用心,那时候涵住在我的肚子里,每周五晚上等着看"好声音",而那么多选手里面,我一直记得那个1990年出生的唐山小伙子褚乔。如今涵看着我朋友圈里褚乔的照片,也能清楚地叫出"褚乔"这个名字。

2015年5月4号,"我们"的人都下船了,丹丹在前台等着涵。5个大箱子和1个小箱子安放在行李处,我还是以嗓子说不出话为名,拒绝说也拒绝听那些伤感的话,只是和丹丹紧紧地拥抱,丹丹也抱涵涵,抱了一下就跑了,她的坚强最终还是没有抵过她的泪水。

  走出港口大厅,站在街边等着车来接我们,这时候,涵的"鸡蛋"弟弟也出来了。Jayden是船上最小的宝宝,涵叫不出"Jay"的音,索性就叫人家鸡蛋。他小心翼翼地拉"鸡蛋"的手,"鸡蛋"摔倒了,他立刻跑过去拉起弟弟,他会学着我的样子和Jayden一起玩。我第一次见他有个"哥哥样儿"地和小朋友相处,那一刻我觉得这个世界竟是那么美好。

  这就是"我们"的故事,还有很多的"我们"记在我的心里,也记在涵的心里。

这个世界，留下了我们的脚印

下面不被确定的这几千个字，在我心里百转千回地上演了无数个版本，而最终落笔的时间，我选择在了 2015 羊年的岁末。阳历跨年的当夜，朋友圈里满屏的年终总结，我写下一句话："2015 年，你对我真的太好了。"我不知道还有怎样的概括能够表达出我对这一年的种种感激和感怀，遇到的人，经历的事情，始终陪在我身边的涵，还有我们走过的整个世界。

这是一本因环球旅行而起的书，里面写满了涵从出生到三岁经历的事情，没有跌跌撞撞的深刻记忆，全是融汇在旅行中的生活琐事，对于大多数成年人来说，这些事琐碎得实在不值得一提，即便他完成环球旅行后，脱下的那双鞋也只有 15 厘米。在很多人看来，浮光掠影地看过这个世界只不过是他成长过程中迟早会被遗忘的一段经历。也许你们是对的，不断地遗忘、不断地补充的确会是他日渐长大的代价，即便我寄希望于若干年后，他能把这段经历讲给他心爱的姑娘，如果真有那一幕发生，也只会是残存在他记忆底盘的一些碎渣。

可就算是捡拾不起的碎渣，那也是属于他的。并且他拥有这些碎渣时，才只有 1 米的身高和 15 厘米的小脚。就是这么一个小小的他，陪着我完成了我们的环球旅行。

如果有一天，我下定决心要在身上留下一个永久的、难以被抹去的印记，那个标识应该是一艘船，它的轮廓和 2015 年载着我和涵环游过世界的歌诗达大西洋号邮轮是一样的，也会有一根高耸的、明晃晃的黄色烟囱，还会有一个醒目的字母"C"，那是涵生命之初认识的第一个英文字母，未来他会记住特别多以"C"开头的单词，但歌诗达的"Costa"是铭记在他心里的第一个。

2015 年 3 月，带着涵拖着 5 个大箱子去香港追船，出门时，我几乎搬了半个家。在海上的生活翻滚在想象里，每次都是没有结果地戛然而止。拿到签证的那天，已经过了邮轮首站起航的日期，涵把那几个箱子当成了大玩具，一会儿坐一会儿踩一会儿趴在上面，我拉他到我怀里，一脸严肃地对他说："明天我们就要和爸爸说再见了……""妈妈，是去环球旅行吗?"那是他学会开口说话的第四天。其实我知道,他根本不知道什么是环球,什么是旅行,什么是和爸爸分开说再见。他那么小,小到会被动地屏蔽掉这个世界上很多动情的、精彩的瞬间,可他的心里给"环球旅行"这件事留出了足够的空间。

在我和涵的生命中,这是一件经历过很多波折最终才成形的事情,我不仅需要说服身边的至亲——全程陪在我和涵身边的姥姥,还有与我相爱 13 年的涵爸,更要让自己用足够的坚持勇敢起来。出发前,我找不到任何一个不足 3 岁周游世界的参考范本和攻略作为参考,于是也就无法知晓的邮轮行进的过程中有可能发生的不测。没有寄希望于这次隆重的旅行可以让我们日后的生活改变什么,没错,这是一次环球之旅,是我从来不敢说出来的梦想。

临出发前,我在写给涵爸的一条微信里写到:"如果未来涵的成长和我们有些不同,比如比我们活得洒脱、自由、充满想象、更加乐观和理性,我想那也许和他未满 3 岁就拥有的这次旅行有关。因为对于我们大多数人,都是在看过这个世界之前就先行建立起了我们的世界观,而涵,却是在见过这个世界之后,才建立了他的世界观。"

环球路上,我们走过了 20 多个国家和地区,涵见到了全世界各种蓝色的海水,他被临近赤道的强烈阳光照耀过,小脚陷进了西亚的沙漠里,穿过了苏伊士运河,在欧洲巴洛克式建筑的街道里留下了独自行走的背影,在美轮美奂的巴塞罗那圣家堂坐在婴儿车里高呼着"太美了,简直比小姑娘还美",他一遍又一遍地在纽约时代广场的台阶上爬啊爬啊,在中央公园和一个当地小女孩对视 2 分钟后,跑过来问我"妈妈,她的妈妈为什么可以不看手机?"在牙买加奥乔里奥斯的邓恩河瀑布,他被抱进瀑布水中,拉着我,和那些亢奋的北美游客一起爬了数十米……这是我们在旅行记忆的冰山一角,就算这些记忆会慢慢褪色、被时间清零,但经历过的种种都是能写进我和他成长故事里的记忆。

漂洋过海的日子都是在邮轮上,这艘搭乘着 600 多名游客环球梦的梦想之船成了我们海上的家。8262 是我们的舱房号,有一个静谧的夜晚,涵熟睡在我身边,他在梦里说出了这四个本无关系的数字组合,然后自己"咯咯咯"地一阵笑。回到陆地快一年了,涵仍会时不时地混淆场景,时常回忆起在邮轮上发生的事,遇到的人,吃过的饭,以及他爬过的台阶和坐过的长椅。他在提醒我,再小的宝宝也是可以尝到回忆的滋味,所以我要尽量多留给他一些美好的记忆。而他认定了家是安放在北京和海上这两个地方的。

我能给他的幼年是什么样的?
在他还游荡在我的羊水里时,我认真地问过自己。从我的生命遇到他的生命之后,我就像最初答应自己的那样,努力让他自由地长大,给他无私的爱的同时也让他无私地爱我。我想,我们因彼此的拥有变得更幸福,他是这个世界上最暖我心的男人。在邮轮行驶到大西洋海面时,船晃动得让我失去了安全感,我哭肿着眼睛心里问自己:"为什么要带他来冒险?"他爬到我身上将小手轻轻靠近我的脸颊,抱紧我,用他的小嘴唇拭去我那泪泪下滑的泪水……这是他爱我的方式,那一刻我在想还可以用怎样的方式去报答他,那之后,我爱他爱得更加彻底。我们用彼此生命中两个多月的时间换来了无时无刻的相伴，而他此生唯一的一个语言爆发期发生在这艘船上，他说的字字句句都被大海聆听到了。每个清晨，我拉着他走在邮轮顶层的甲板上，或是散步，或是追跑打闹，我"俘获"了他，他扑倒了我，笑声飘荡在海平面上，我小声对他说，"妈爱涵"。他深吸一口气、用尽力气地大声喊"涵爱妈"，我学着他的样子，放开声音高喊："妈爱涵"，他再用更大的力气回应我，海浪声稀释着我们互诉爱意的喊声，最终弥散在一望无际的大海里，日日重复，没有厌倦。我俩都爱这样的互动，单纯，明了，深刻，无懈可击地纯粹。

2015年环球旅行回来后，被问到频次最多的问题是："走过了整个世界，你收获了什么？"我不知道该如何把自己看过的这个世界说出来和说清楚，但绕过了地球，总还是要说点儿什么的吧？后来终于总结出一个像样的结论，但与旅行、世界都没有直接的关系，反而是留给自己的一个命题——"涵需要我给他做一个什么样的妈？"几十年来，我们习惯了从"本我"的角度去思考和解决问题，可在一次环球旅行之后，我终于以他的姿态认真考虑他的需求了。

关于我和涵的歌诗达邮轮环球旅行，就是这样，在给一个命题找到答案之后，旅行变得丰满又完美。而这本书，也成了我给予他的一份以爱为名的珍贵礼物。

祝贺你，找到了属于你的那片海

2016 年，赶在 8 月之前，我 32 岁。

这一年，我出版了这本书。也是因为这本书，我的 32 岁变得不同于往常的每一年。《谢谢你陪我走世界》的由来有两个重要的因素：第一是因为有了这场值得被记录的歌诗达环球邮轮之旅，第二是有涵的一路陪伴。书里的每一个故事都是关于我和他的，但写在最后的这篇文字，是给我妈的。

大概不会有人关心我妈是个什么样的人，因为她和你们的妈妈都差不多，小时候吃过苦，工作了半辈子。后来，她退休了，我结婚了，生了孩子，她没日没夜地帮我拉扯着涵，一晃，涵快 4 岁了。

都说不养儿不知父母恩，我常想，待涵长大了，他可以怠慢我，但不能怠慢姥姥，因为姥姥给他的"恩情"比天高比地厚。我也在想，待涵有了孩子，我会不会甘愿像我妈对涵这样对待他的孩子？

在我们环球旅行的路途中，她像一个隐形人一样被淹没在我的书里了，但事实上，她没有一刻离开过我的涵。2015 年年末，她 58 岁，在即将迎来耳顺之年前，她陪着我和涵，走过这个让她熟悉又陌生的世界。看遍了这个世界的海后，她说她最喜欢马尔代夫，因为胡胡马累小岛的海水真的是清澈见底；她说 20 年前看《北京人在纽约》的时候她不敢想，自己这辈子能在全世界最著名的第五大道上留下脚印；她说圣托里尼的蓝白屋比她在旅行社海报上看到的还浪漫；她说这艘船真好，让她见到了全世界的浪花和天空；她还说下次去普吉岛她请客，因为那是涵最喜欢的地方……

给她做了 32 年闺女，有时候我不敢回头看我们娘俩儿共同经历过的生活，从小就是个猴丫头的我，三四岁学会顶嘴耍赖胡搅蛮缠，小小的年纪开始谈恋爱，然后好好的大学说不上就不上了，谈了一场马拉松式的恋爱，好在以结婚收场，工作十年也没积蓄，她一边唠叨着我攒点钱，一边塞给我钱让我买那华而不实但能治疗"百病"的包，让我去那些我想去的地方。

直到 2012 年 9 月，当她走进陪产室，把涵从床上抱起来亲了一口的那一刻起，我在经历了 30 年前她也经历过的绝望阵痛之后，我发誓，再也不和她顶嘴了。我要在未来的几十年好好对她，好好地对这个历尽千辛万苦给了我生命的女人。可是，这 3 年多来，誓言一直在没有兑现。

有了涵的这 3 年，我和她的交流话题基本围绕着涵的吃喝拉撒睡，精神层面的沟通少之又少。涵 7 个月第一次因幼儿急疹发高烧，她急得红了眼睛，整宿整宿地抱着涵。那次我的心里突然产生了一些妒忌——你不曾这样对我，为什么这样对他？而后，涵开始了自我意识的形成期，他明显离不开姥姥，我心里积满了火，终于在她纵容涵那一次爆发了，"他是我的孩子，你就是我的高级保姆！他的事儿只有我说了算！"这是歇斯底里的怒吼，她一字未回，像一切都风平浪静一样抱着涵，给他唱儿歌。那天晚上涵睡熟了，她只和我说了一句话，字字清晰——"你生了他，就要想好给他做个什么样的妈！"

很少失眠的我在那个漆黑的夜里面无表情地与天花板对视。那是一个我必须思考的严酷问题，我逃不过。

她有一本护照，退休前她和外人说，每年去两三个地方，过不了几年就能让这本护照印满戳盖满印。我天真地信她，给她找各种旅游信息，可每次她都以自己的风湿和腰病推脱掉。后来有了涵，她常说："涵太小，你们带出去不方便，这几年你俩想去哪儿就去，孩子我帮你带。"我心疼她，只去了那些推不掉的差，未曾有过远行，可她，却守在涵的身边，一天又一天。她的护照静止地放在护照袋里，戳还是之前的那几个戳，印也还是那些印。

高晓松在歌里写道，"生活不止眼前的苟且，还有诗和远方的田野，你赤手空拳来到人世间，为找到那片海不顾一切。"在那个初春的午夜，凉意未减，我靠着泪水给自己取暖。我忍不住叫醒熟睡在梦里的妈，为她戴上耳机，然后像很多年前初恋结束的那个晚上一样，靠在她怀里，眼泪浸湿了她的衣服。她轻抚我的头发，压低声音地对我说："谢谢你，谢谢你带着我看遍了这个世界。"

话毕，我早已泣不成声。

即便生活是轮回，但环游世界、漂泊在海上的那段日子无论如何也不会重演。纵使涵爸的缺席注定是一种无法弥补的遗憾，取而代之我妈的补位则让我此生无憾。两个多月时间，与这个给予我生命的人和我给了他生命的人在一起，日日夜夜从未分离，作为妈妈，我给了他最奢侈的陪伴；作为女儿，我得到了最浓烈的宽容和爱。长长的旅行中，她没有提出过哪怕一点点地要求，跟着我的脚印和涵的推车的车轮印，爬过火山、越过大浪。每到一处，她都努力地记住那些略拗口的地名。我以为她会以中老年人的虚荣心去炫耀，可每当提起这场旅行，她最常说的是："我们涵去过xx。"她的心里装满了我的孩子，她比我和涵爸更爱涵。

他们俩，一个 57 岁，一个两岁半；还有我。我们仨这么一个奇怪的组合，绕着地球兜了一圈。在洛杉矶飞往北京的机舱里，涵歪七扭八地睡着，我看着小屏幕里放映的电影，转头看她——她平静地看着窗外的云层，两个月没有染色的头发在发根处又见斑驳，她的沉思留在云层中，她在自己即将迎来 60 岁之时对这个美好的世界有了全新的注解。不同于涵，她的世界观早已经历过了一轮又一轮的更迭，更迭之后都已经根深蒂固，但这一次，在她真的走遍了这个世界之后，她真正成了一个与众不同的老太太。

我注视了她很久，她不曾有丝毫的发现。我心里暖暖的，就像飞抵北京时这个城市的温度一样，暖暖的。这暖意更多的来自于她，在她看过了这个让她意料之外的世界之后，"猴"了三十多年也不怎么争气的我终于多了一点骄傲。

"妈，谢谢你陪我走过了这个世界。即便若干年后我们终将分离，但这一段旅程中经历的幸福和慌张都是此生最难得的回望。我们都像歌里唱的那样，赤手空拳地来到这人世间，为找到那片海不顾一切。你找到了属于你的那片海，继续往远方看，你看到了海那边的田野了吗？听到远方的诗歌了吗？妈，于你，这是一本会说话的书，你仔细听，有一个声音只属于你，回声环绕在每个字与字的缝隙间，你听，那是我的羞涩的叫喊声——我，爱，你！"

2016 年 3 月 18 日 凌晨 3 点